岩戸開き Gallery Vol.16

2016/12/5
ボードキャンバス３Ｆ
(220mmx270mm)
アクリル画

《 龍の舞 》

アーティスト／板野肯三

この絵を描いたのは、今から１０年くらい前のことであるが、無心に筆をとったら、このエネルギーが降りてきた。ここに映されているのは、水と龍にちなんだエネルギーであると思われる。もともと、龍族は、宇宙のなかで、生命エネルギーを守る星の住人である。

板野さんの記事「水の持つ力」と
板野さんの詳細については、
24～29ページをご参照ください。

ホームページ
Science Spiritual Essay Series

第18号
2025年5月・6月

岩戸開き
Open the STARGATE

目次

霊査の古代史 11

文／不二龍彦
霊媒／梨岡京美

カリスマ大王であり実質初代となる天皇・崇神は、朝鮮半島にあった帯方郡から来ていた！

古代ヤマト王権（3～4世紀）の真の姿が霊視と交霊で明らかに

畿内編 第二回

神霊たちが明かしはじめた
古代史を根底から覆す新証言

古代ヤマト王権の大王《おおきみ》で、実質的には初代天皇と目される、崇神《すじん》天皇＝ミマキイリヒコとは、一体何者だったのか？
どこから来て、何を行い、どのような〝日本〟を築こうとしたのか？
ミマキイリヒコ王の霊をはじめ、息子の垂仁《すいにん》天皇＝イクメイリヒコ王、娘の豊鍬入姫《トヨスキイリヒメ》や同時代の諸霊たちとの交霊から、霊査の旅は日本と日本人の核心、さらには東アジア文化圏の根底に迫っていく。

事実上の初代天皇と考えられている崇神《すじん》天皇（ミマキイリヒコ、以下イリヒコ王と略称）のイリ王朝は、息子の垂仁《すいにん》天皇（イクメイリヒコ、以下イクメ王と略称）の代で、ほぼ終焉を迎えた。背景には、連合を組んでいた周辺各地の有力豪族との闘争がある。

カリスマ的な王として諸豪族を統御していたイリヒコ王が亡くなると、大きな空白が生まれ、権力闘争が激化した。イクメ王には、その状況をコントロールし、諸豪族を束ねていく力はなかった。結果として激烈な「内乱」が年単位で続き、ついにイリヒコ王が開いたイリ王朝は倒壊した。その様子は前

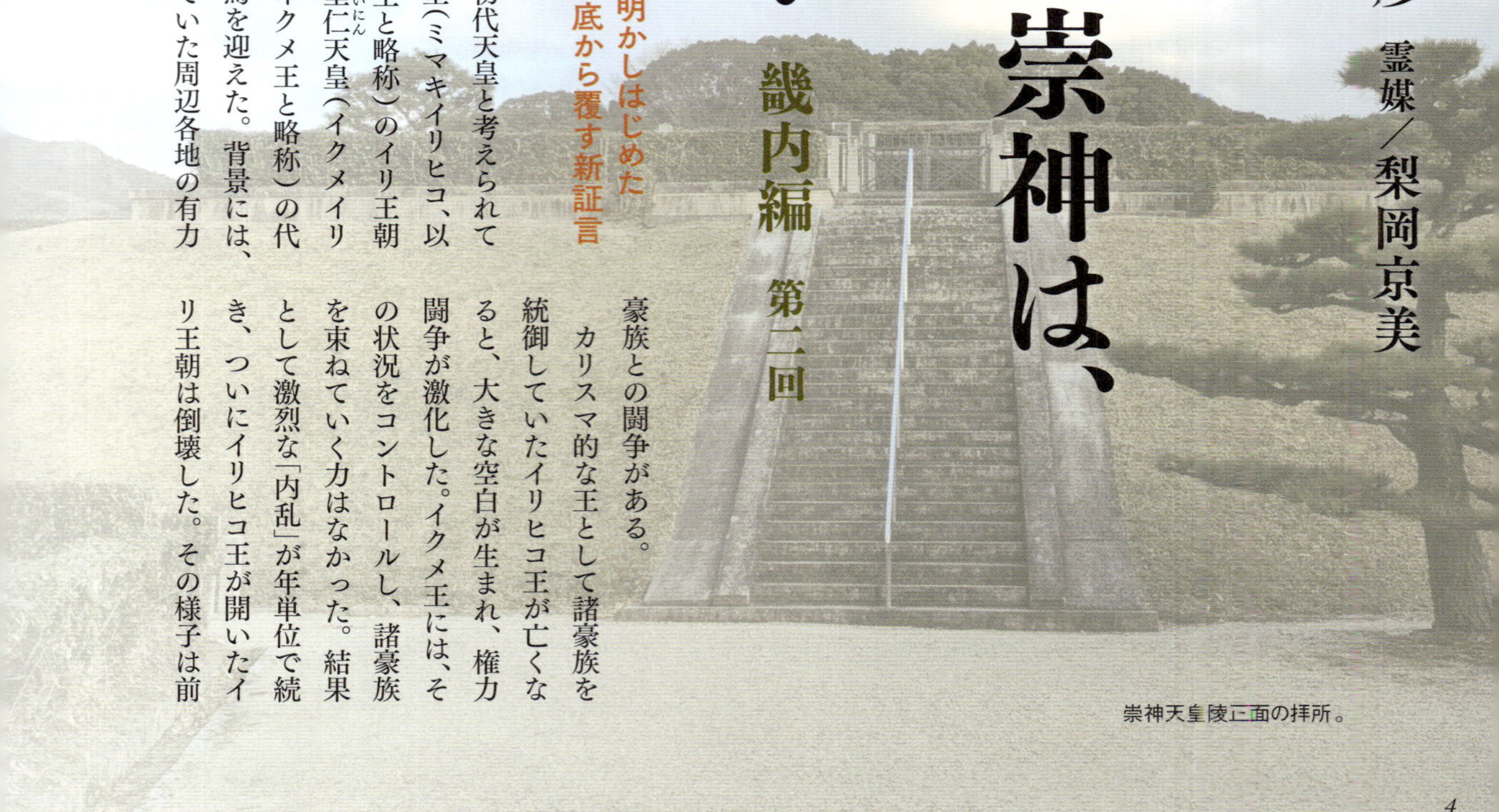

崇神天皇陵正面の拝所。

号に書いたとおりだ。

この内乱を受けるかたちで、今回はイクメ王の王女・倭姫《やまとひめ》、および神功皇后《じんぐうこうごう》と呼ばれた渡来の大巫女という二人の女性について書く予定でいた。ただ、イリ王朝との関わりでどうしても確認しておかねばならないことがあったので、3月17日から19日にかけて、われわれは急遽、奈良・岡山の霊査の旅に出た。

ところがそこで、まったく思いもよらない情報の数々が、怒濤のごとくもたらされたのだ。

その諸霊とは、神功霊、イリヒコ霊、ワカヒルメ霊、キビツヒコ(吉備津彦)霊、そして一昨年(2023年)、267cmもの長さをもつ異形の蛇行剣《だこうけん》(日本における最古・最大の蛇行剣)と、類例のない鼉龍文盾型銅鏡《だりゅうもんたてがたどうきょう》(64×31cm)が出土して斯界《しかい》を騒然とさせた富《とみ》雄丸山《おまるやま》古墳(奈良市丸山)被葬者の男性霊(御霊《みたま》に了承を得たので、この御霊を富雄丸山のオオキミと呼ぶ)である。

これら諸霊がもたらした情報は、従来の古代史を根底から覆すもので、交霊の最中も私自身、大きな戸惑いを感じるほど驚異的なものだった。そのため、前号を書いた時点での私なりの構成案は白紙に戻す以外になくなった。

今号では、これら諸霊と密接不可分につながっていた中心人物、三輪のイリヒコ王とは何者かということから、改めて書き進めていきたい。

崇神天皇が祭っていたのは伊勢の天照大神でなかった?

本文に入る前に、まず最も重要なポイントを記しておく。

①イリヒコ王と伊勢神宮の天照大神はいっさい無関係であり、そもそもその当時、伊勢神宮は存在せず、伊勢とイリ王朝の関係も存在しなかった。

②記紀神話によれば、イリヒコ王のときに疫病などで国内が大いに乱れ、衰えた。その原因は、王が自分の王宮に天照大神や倭大国《やまとのおおくに》魂神《たまのかみ》を祭っているためだと考え、自分の娘で巫女でもあったトヨスキイリヒメ(豊鍬入姫)に命じて、天照大神を倭の笠縫邑《かさぬいむら》(現在の檜原《ひばら》神社の地)に遷座《せんざ》させた——ということになっている。

国の混乱やトヨスキイリヒメによる遷座等は、記紀の伝えるとおりだが、トヨスキイリヒメが連れ出した天照大神は、伊勢の天照大神でも神霊でもないらしい。まったく別の、イリヒコ王が朝鮮半島から連れてきた農業祭祀にかかわる水霊系のヒメ巫女であり(このことは、過去数年にまたがる伊勢での交霊で確認している)、日本での通名をワカヒルメ(稚日女)という(ワカヒルメは固有名詞ではなく、多数の同じ通名の巫女が存在する)。

檜原神社の境内に建つ碑は、ここが笠縫邑の"聖なる"跡地と主張するが…。

③神功皇后と呼ばれている女性は、記紀の系譜ではイリヒコ王の玄孫《やしゃご》にあたる仲哀《ちゅうあい》天皇の后《きさき》とされているが、系譜はまったくの創作であり、仲哀という天皇も存在しない。神功と呼ばれた方は、イリヒコ王とほぼ同時代の渡来系の女性であり(年齢はイリヒコ王より若いようだ)、イリ王朝の皇統譜(崇神―垂仁―景行《けいこう》―成務《せいむ》―仲哀)は、霊査によるかぎり、ほぼ全面的に創作されている。

一大勢力をともなって渡来した彼女の部族は、イリ王朝が滅びたヤマトの大内乱の時代、まったく別個の動きをしていたが、内乱に

奈良市山陵町にある、神功皇后陵とされる五《ご》社神《さし》古墳。佐紀盾列《さきたてなみ》古墳群（西群）を構成する古墳のひとつで、形状は前方後円墳。

は関係していない。

これらの情報に加え、先に記した富雄丸山のススキミ霊との交霊で、まったく知られていない古代史が語られていったのだが、それらについては追々述べていくこととし、まず最初に「ヤマトの古代史」というテーマの中心に位置するイリヒコ王との交霊から始めたい。

イリヒコ王＝崇神天皇はどこからヤマトに来たのか？

イリヒコ王との初交霊は2022年11月で、その後も2回、御陵に詣でているので、今回は4回目ということになる。重要な交霊なので、解説をまじえながら、記録の中心部分を紹介しよう。

不二（前略）まず時代の確認をさせてください。前に伺ったときは、百済《くだら》のほうからという反応を示されていたのですが、王が渡来された時点では、百済はまだ成立していないですね？

梨岡 していない。

不二 ないですね？

梨岡 ない。

イリヒコ王の渡来時期は不明ながら、崇神陵（行燈山《あんどんやま》古墳）の築造が古墳時代前期後半（4世紀後半）の早い時期と考えられているので、日本における活動時期は、おおよそ3世紀後半から4世紀前半あたりの間と考えて大過《たいか》ない。霊査におけるやりとりでも、大体この頃と推定できる。

一方、百済の成立は、百済の前身である馬韓《ばかん》の伯済国《はくさい》（半島南西部）が周辺の小国と連合して、強大国である高句麗《こうくり》とともに中国王権の出先機関の帯方郡《たいほうぐん》を滅ぼした4世紀初頭の313年以降なので、その時点でイリヒコ王が朝鮮半島にいた可能性はほぼなく、すでに日本に渡来して、ヤマトに拠点を築いていた可能性が大きい。それを前提に、この質問をしている。

不二 半島時代に住んでおられたのは、帯方郡ですか？ それとも、もうちょっと南の馬韓のほうですか？

梨岡 帯方郡。

不二 帯方郡から来られましたか。そうですか。来られた時に、そこにいた漢人《かんじん》も、それから地元の方（韓人《かんじん》）も――。

梨岡 みなさん。一緒に来たの。

不二 みなさん一緒に来られたんですか。なるほど。それでいろんなことがすっきりしました。で、イリヒコ王が帯方郡にいらっしゃった時には、帯方郡だとすでに稲作はされてましたですね？

梨岡（うなずく）

不二 してましたですね。で、向こうとこちらでは、稲作のやり方はどうでしたか？

梨岡 あのね、教えた。

不二　教えた？

梨岡　稲作を教えてる。

不二　ここ（ヤマト）に？

梨岡　うん。日本のほうに。で、向こうはね、稲作はね、なんかこう播《ま》くんだって（手で種を播く仕草《しぐさ》をくりかえす）。

不二　それを伺いたかったんです！

梨岡　え、そうなの？

不二　うん。日本側の言い方で言うのであれば、陸の稲って書きま

崇神天皇の山辺道勾岡上陵《やまのべのみちのまがりのおかのえのみささぎ》として宮内庁が治定する行燈山《あんどんやま》古墳（奈良県天理市）。イリヒコ王の霊は、これまで史実としては語られなかった歴史を語り始めた。

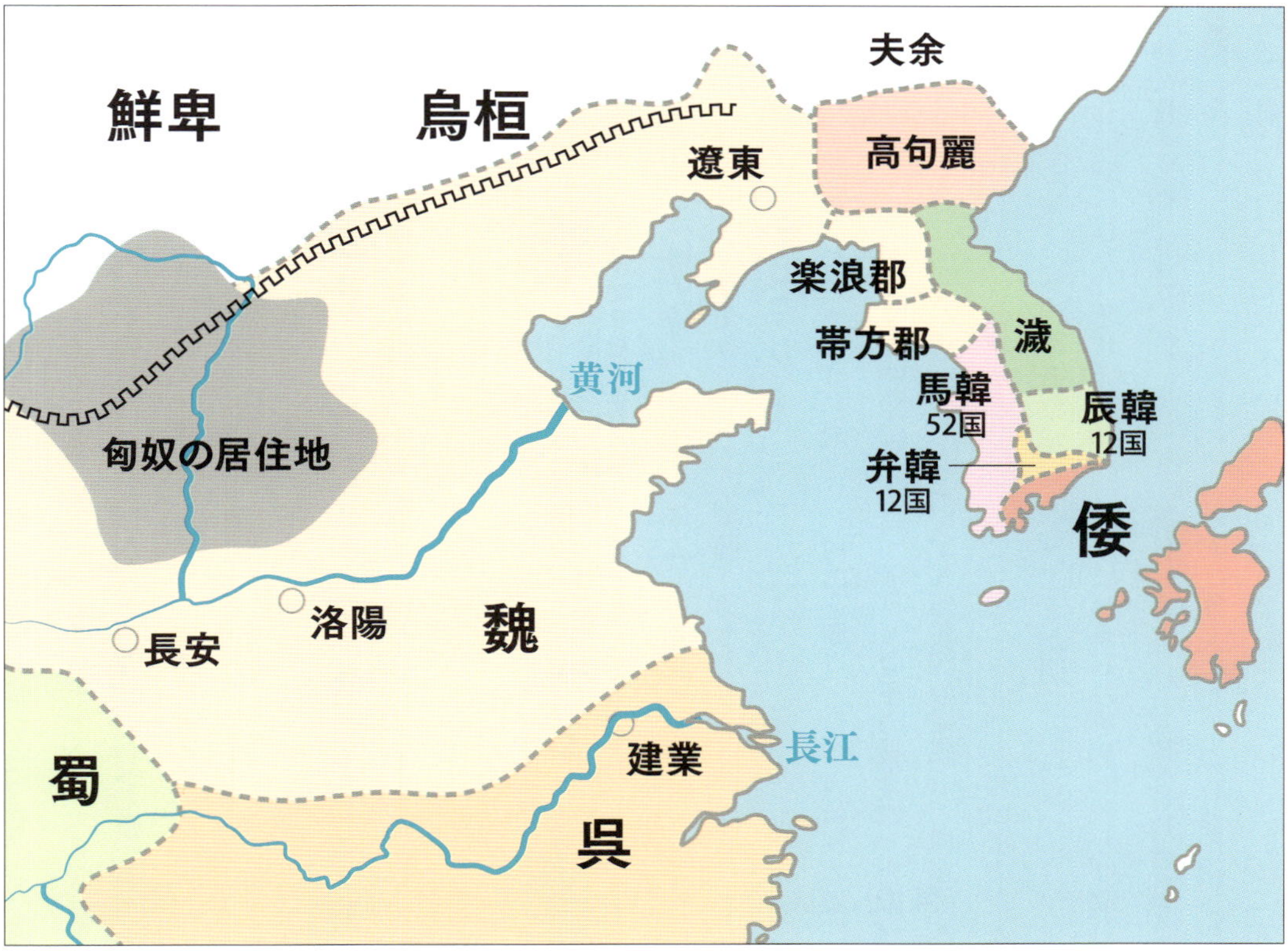

3世紀後期から4世紀にかけての東アジアの概略図。倭国の領土は、朝鮮半島の南端にもあったことがわかる。日本から東アジア、さらには北東、東南、中央アジアへの広がりの中から真の歴史が見えてくる。

すが、陸稲《おかぼ》みたいに種を直接、畑に播いて――。

梨岡　播いた。

不二　直播《じかまき》して、で、あれですね？梅雨の時期になったら――。

梨岡　入れた。

不二　雨水を田に溜めて水田にするというやり方を――。

梨岡　そのやり方でやってた。

不二　なるほど。それは現代の考古学や史学等の研究で明らかになっている、資料で出てきているやり方とまったく同じですので。

イリヒコ王（崇神天皇）さんが日本に稲作を教えた。向こう（半島）では手で種を播くんだって。

日本と古代朝鮮の南部では、稲作の方法が異なる（河野通明「日本列島への稲作伝来の2段階・2系統説の提起」）。それについてはいっさい言わず、霊がどのように答えるか、霊の言葉がその時代の方式と合致しているかを探ろうとして、私は右の質問をした。

その結果、古代朝鮮が畑に直に稲種《いねだね》を播く乾田方式なのに対し、日本は水田方式（種ではなく稲の苗を水田に植える方式）だということをイリヒコ王霊は正確に、しかも私の言葉を遮《さえぎ》る速さで、次々と答えてくれた。京さんが私の質問の途中で口を差し挟み、霊の言葉を伝えている部分がそれだ。

京さんに、古代朝鮮の稲作の知識はない。なおかつ、私は今回の取材ではいつも以上に事前の情報は伝えず、現場では従来にまして立ち入ったことを尋ねるつもりなので、意味がわからなくてもかまわないから、霊の反応や発言だけをそのまま私に伝えてくれと、旅行前に京さんに申し入れている。

モザイク状に絡み合う記紀神話の虚構と事実

不二　その当時、こちらにイリヒコ王が来られた時点では、このヤマト盆地というのはかなり湿地だったんじゃないですか？

梨岡　湿地。グチュグチュ。

不二　グチュグチュですね。そうすると、水田耕作というのは非常にやりやすい。やりやすい場所で。

梨岡（うなずく）

不二　なるほど、古代の状況とぴったり一致します。で、帯方郡からこちらに来られた。それは朝鮮半島の南から船で――。

梨岡　来た。

不二　前にお伺いしたときには、ずっと瀬戸内海を通って、で、河内からは上がれなかったので、紀伊水道を迂回《うかい》して和歌山のほうからヤマトに来られたと。

梨岡　そうそう。

不二　河内のほうに非常に力の強い豪族がいたわけですね？

梨岡　いた。とてつもない強い方。

不二　それはもう部族というか氏族の系列が――。

梨岡　違う。もう全然違う（力をこめて断言）。

不二　全然違う？

梨岡　違う。

河内を拠点とする大豪族の素性《すじょう》は、イリヒコ王の後で回った取材で、九州北部の豪族――魏志《ぎし》倭人《わじん》伝《でん》に登場する北部九州の勢力だということが明らかになっている。彼らはヤマトのイリ王朝とは敵対関係にあり、いわゆる邪馬台国（この国は確実に九州にあった）とも深いつながりがあった。これについては後続の原稿で書く。

不二　日本の神話のほうで、河内方面に物部《もののべ》系のニギハヤヒ（饒速日）と呼ばれている人がいるんですが、その方——。

梨岡　……名前がね、ちょっと微妙にこう、伝わってるのがちょっと違うって言ってる。

不二　そうですか。あの、これはあくまで伝承なんですが、その河内の方面の強力な豪族出身の女性が、後にイリヒコ王を生んだと伝わっているんですが、これは違いますか？

梨岡　全然違う。作り話。

中国の三国時代の3世紀末、蜀漢《しょくかん》と西晋《せいしん》に仕えた官僚だった陳寿《ちんじゅ》によって書かれたとされる魏志倭人伝。正式名称は、『三国志』中の「魏書」第30巻烏丸鮮卑東夷伝倭人条《うがんせんぴとういでんわじん》（Wikipediaより）。

ニギハヤヒが祭られる、矢田坐久志玉比古神社《やたにいますくしたまひこ》（奈良県大和郡山市）。京さんの霊視では、ニギハヤヒは見えず、黒っぽい鉱物を積んだ船が見えるという。

『日本書紀』によれば、大綜麻杵（オオヘソキ）の娘の伊香色謎（イカガシコメ）がイリヒコ王の父（和名・開化《かいか》天皇）の后となってイリヒコ王を生んだとなっている。

オオヘソキは物部氏の遠祖と伝えられ、父のオオヤグチスクネはニギハヤヒの四世ないし五世孫とされるが、これも後代の系譜のつぎはぎだ。なお、イリヒコ王の父とされる開化は、イリヒコ王が渡来して以後も半島に住し、倭国と往来していたということが、後の取材で語られている。

東アジア文化の源流に遡る太陽神と穀神の合一の祭祀

このあたりから、交霊を切り上げたいという言葉がイリヒコ王から出てきた。おもな理由は、京さんの負荷に対する気遣いだ。「ここで（このまま交霊を）続けたら、この後（の取材）があるから（梨岡京美の身心が）もたない」というメッセージが来たのである。

質問を山と抱えていた私は、あわててどうしても確認したい二、三のことを矢継ぎ早に質問した。

不二　ひとつ、すみません。ひとつ教えてください。東盟《とうめい》、東に盟と書くお祭りです。この豊作祈願なんかのお祭りを——。

梨岡（かぶせて）やってた。

不二　やってましたか。ありがとうございます！

東夷伝《とういでん》中の高句麗伝には「十月以って天を祭り、国中大いに会《あつま》る。名づけて東盟と曰《い》ふ」とある。高句麗や、そのルーツとされる夫余《ふよ》国で行われていた収穫祭で、この世とあの世（神界）との通路である洞窟《どうくつ》から隧神《すいしん》と呼ばれる穀神《こくしん》（歳神《としがみ》、歳は禾穀《かこく》の実りを表す）を迎え、国王臨席のもと、河辺で歌舞音曲の盛大な祭祀《さいし》を行う。

この穀神のルーツは「岩屋の中の地母神《ちぼしん》（万物を生みだす豊穣の女神）」だ。彼女は水を掌《つかさど》る始祖神でもあって、太陽の化身とみなされた国王（日本でいう天皇）と一体となって、国に豊穣・繁栄をもたらす（『三品彰英論文集5』「古代祭政と穀霊信仰」）。

日本の太陽神祭祀とも関わる極めて重要な農耕祭で、北方民族が半島にもたらし、南部の韓人の地でも行われたことは、東夷伝中の韓伝に記されている。イリヒコ王の出自や日本の稲霊《いなだま》信仰にも関わる問いであり、ここからさらに奥へと質問を進めるつもりでいたのだが、王霊から切り上げの催促がきているので、あとは次回に持ち越すこととし、他の質問に移った。

イリ王朝の内乱の原因は
ヤマトの神と渡来の神の軋轢

不二　あと、すみません、しつこいですが、こちらに来られたときに、ヤマトオオクニタマの神であるとか、あるいはオオモノヌシの神であるとか、アマテラス大神と呼ばれている神であるとか、これはイリヒコ王がヤマトに来られた時点で、すでに祭られていた神で、イリヒコ王が向こうから連れてきた神とは違って——。

梨岡　違う。

不二　それらの神々との調整というか、折り合いをつけるのがとても——。

梨岡　大変。

大神《おおみわ》神社（奈良県桜井市）の二の鳥居。イリヒコ王が語るには、祭神の大物主《おおものぬし》大神は、自分が渡来する前からヤマトで祭られていたという。

不二　大変だったですか？

梨岡　大変だった。

イリヒコ王の時代、疫病や反乱、農民の逃散《ちょうさん》など、さまざまな問題が勃発し、人口の半分が失われたと記紀は記す。ただしその原因は、天照大神を王宮内に祭っていたからではない。当初、イリヒコ王は在地の神の祭祀ではなく、半島から奉じてきた神（北方系）の祭祀を行っていた。その結果としての災いなのである。

このトラブルを鎮めるために、イリヒコ王は在地の神々の祭祀を行わせた。天照大神を連れ出したと伝えられるトヨスキイリヒメについても、続けて尋ねている。

不二　トヨスキイリヒメは（イリヒコ王の）娘さんですか？

梨岡　娘。

不二　それは間違いないんだ。じゃあトヨスキイリヒメ様と、向こうのほうから来られた――。

梨岡（質問を遮《さえぎ》り）あのね。トヨスキイリヒメとかじゃなくてね。あー……。ちょっと違う。あー……（イリヒコ王の発音を一生懸命聞き取ろうとしている）、トゥィ……トゥィ……フー……みたいな……ちょっと発音が違うって言ってる。名前が。

不二　名前がちょっと違う？

ニギハヤヒ、トヨスキイリヒメ、本当の名前は、ちょっと発音が違うって（イリヒコ王が）言ってる……。

梨岡　違う。

不二　トゥィフーみたいな感じですか？

梨岡　そうそう。名前が。名前が違うって言ってた。

不二　あ、そうですか。

梨岡　だからそれは多分、こちらでつけられた名前だろうって。

不二　あー、なるほど。あの、もうそろそろ終わりでしょうか？

梨岡　終わり。

不二　終わりですか。

梨岡　終わり。なんかね、魂持ってるけど、できるけど……なんかすごいね、消費するらしいのよ、向こうも。で、私がね、また後があるから続かないって言ってる。

不二　そうですか。わかりました。

梨岡　で、来るんだったらね、ゆっくり時間もって来てくれたらいいって。

不二　後の予定を入れないできたら、ゆっくりお話聞かせていただけますか？

梨岡（うなずく）

不二　次回は必ず、そのようにします。

梨岡　私がね、バテるらしいの。

イリヒコ王に厚くお礼を述べて、交霊は終了した。この短い交霊の中には、ヤマトおよび古代東アジア史を説き明かすために必要な情報がちりばめられており、この先の交霊で、他の関係諸霊によって細部がどんどん明かされてくることになるのだが、それらについては次回以降で詳述していきたい。

不二龍彦（ふじたつひこ）

1952年、北海道生まれ。作家、宗教研究家。東洋思想、占術を含む民間信仰、神道・陰陽道・密教・修験道の呪術的方面などで精力的に活動を続けている。『霊視の人　仏事編』『霊視の人　神事編』（ナチュラルスピリット）、『新・日本神人伝 ―近代日本を動かした霊的巨人たちと霊界革命の軌跡』（太玄社）、『歴代天皇大全』（学研プラス）など著書多数。現在、本誌で「霊査の古代史」、月刊『ムー』で「日本神人伝」を連載中。

梨岡京美（なしおかきょうみ）

1964年、大阪府生まれ。当代屈指の呼び声の高い霊能者。鴻里三寶大荒神社代表。6歳のときから霊能力が顕現し、22歳の頃から強まる霊能力に苦しむも、40歳を過ぎてから霊能の道に進むと評判が評判を呼び、相談が殺到。これまで悩める多くの依頼者の霊障問題などを解決してきた。現在、ナチュラルスピリットで不定期個人セッションも行っている。著書に『霊視の人　仏事編』『霊視の人　神事編』（ナチュラルスピリット）がある。

特集

水とは何なのか
水の本質と諸問題を探る

自然界の水が汚染され、水道水にも有害なＰＦＡＳ（有機フッ素化合物）が含まれるなど、飲む水も危機にさらされている。

温暖化により海水の温度も上昇し、魚の生息地も変化し、従来の漁場で魚が獲れなくなる問題も深刻化している。

また、干ばつによる地球規模での地下水の汲み上げ過ぎで地下水枯渇の問題も叫ばれている。

地下水の汲み上げ過ぎは地軸の傾きにも影響を及ぼす。

川も海もゴミにあふれ、汚れている（ひと頃よりは改善されているようだが）。

海外資本によって日本の水源が

『ゼロから理解する 水の基本
水の安全と環境、
ビジネス最前線まで』
千賀裕太郎 監修
誠文堂新光社
1,600円＋税

『図解でわかる
14歳からの水と環境問題』
インフォビジュアル研究所 著
太田出版
1,500円＋税

「万物の根源は水である」タレス

紀元前624年頃～546年頃の古代ギリシャの哲学者で、
最初に万物の根源を探求した人。この人から自然哲学が発展していった。

買い占められているというニュースをよく聞く。
また、水道事業自体も海外の会社が
運営している自治体もあるという。
人間の身体の6～7割は水だという。
地球の地表の6～7割も海水だという。
人間にとっても地球にとっても水は欠かせないもの。
水が汚染的にも社会的にも危なくなっている。
一方で、志のある方々が、波動の高い水、おいしい水を追求し提供している。
天然の水でもおいしかったり、人工的にもおいしく身体に良い水が作られている。
水に波動を転写して、病気療養に役立てられたりもしている。

水とはいったい何なのか。
水の本質とは何か。
また、水にまつわるさまざまな問題はどういうもので、その解決策はあるのか。
「身体に良いとされる水」とは、どういうものなのか。
今回は、こうしたテーマについて、
さまざまな識者に登場していただき、探求していきたい。

発行人　今井博樹

『水は情報を記憶するか？
ビクトル・シャウベルガー
理論を実証した活水装置の誕生』
森川佳英 著
デザインエッグ社
1,370円＋税

『水と命のダンス
生命の根源に迫る水の
驚異的メカニズム』
崎谷博征 著
サンクチュアリ出版
1,600円＋税

『自然は脈動する
ヴィクトル・シャウベルガーの
驚くべき洞察』
アリック・バーソロミュー 著
野口正雄 訳
日本教文社
2,600円＋税

『第４の水の相』とは何か？

生命システム研究所代表
根本泰行

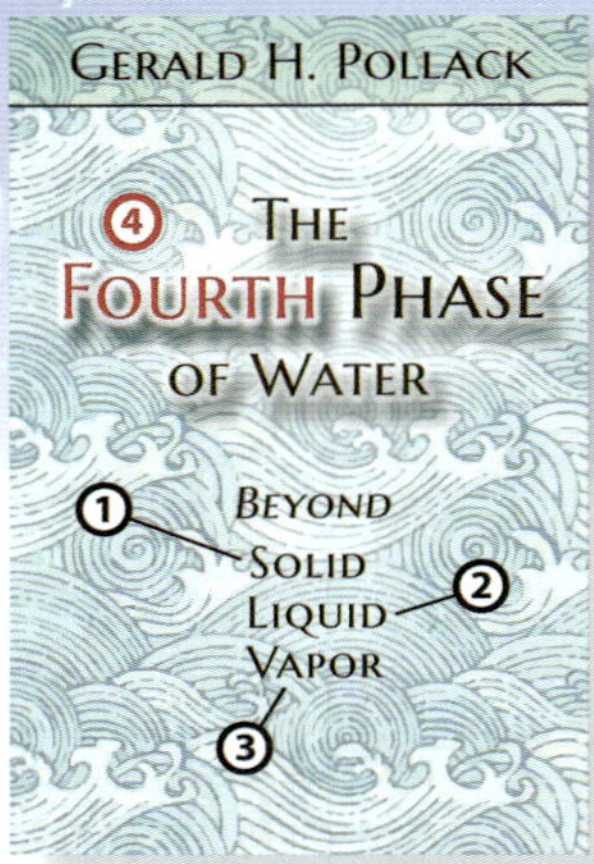

「水には固体（氷）・液体・気体（水蒸気）という三つの『相』が存在する」ということは、常識中の常識です。しかしながら、ジェラルド・ポラック博士によれば、水には『第４の水の相』と呼ばれる極めて特殊な状態が存在します。
この『第４の水の相』は、私たちの身体の７割を占めるといわれている水においても、地表の７割を占める海洋においても、あるいは地球という惑星全体を巡る水の大循環においても、決定的に重要な役割を果たしているということが、ポラック博士によって示されています。
「『第４の水の相』を理解することなしに、私たちはけっして水を理解したということはできない」といっても過言ではありません。
当記事においては、『第４の水の相』について、その要点をご紹介いたします。

文／根本泰行

ポラック博士による『第４の水の相』に関する書籍

ポラック博士は、２０１３年に『The Fourth Phase of Water: Beyond Solid, Liquid, and Vapor』という題名の本を出版しました。２０２０年にはナチュラルスピリット社から、筆者の監修により、その日本語訳である『第４の水の相：固体・液体・気体を超えて』が出版されました。

以下、当記事におきましては、主としてこの書籍に掲載されている図を用いて、『第４の水の相』についての解説を行います。

『第４の水の相』
ジェラルド・H・ポラック（著）
根本泰行（監修）
東川恭子（翻訳）
ナチュラルスピリット
6,800円＋税

「排除層の水」と「バルクの水」

ごくありふれたガラス製のコップに水が入っているとします。ガラスは「親水性」と呼ばれる、水に濡れる性質を持っています。ですので、コップの中の水はコップの壁面を濡らします。

この時、ガラス表面から0・1㎜ほど離れたところまでの薄い層状の領域の水が極めて特殊な構造をしているということを、ポ

写真：ポラック博士と筆者のツーショット。

ラック博士は発見しました。どのような意味で〝極めて特殊〟なのかといいますと、ラテックスなどでできた微粒子や、高分子から低分子までのさまざまな分子を、あらかじめ懸濁もしくは溶解した水を、ガラスのコップの中に入れた場合、この薄い層状の領域に、これらの粒子もしくは分子は近づくことができず、排除されてしまうのです。

なぜ、粒子や分子が排除されてしまうのかといえば、それは図1に示すように、ガラス表面の近傍で、水分子一つ分の厚さを持つ層が多数積み重なっているからなのです。

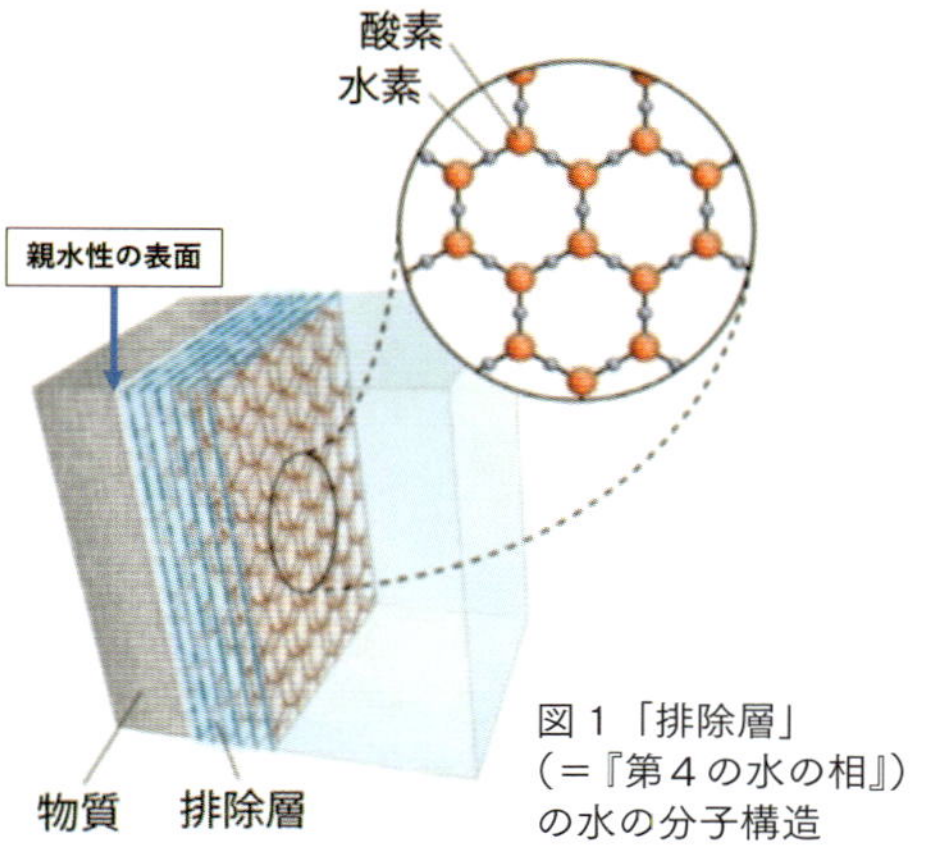

図1「排除層」（＝『第4の水の相』）の水の分子構造

図1では、6つほどの層しか描かれていませんが、実際には十万層ほど積み重なることによって、0・1㎜の厚さの領域が作られています。この領域は氷のような固体ではなくて、あくまでも透明な液体なのですが、それでも結晶に似た、とても密な構造を取っているために、領域の内部に粒子や分子は侵入できないようになっているのです。

これらの観察結果に基づいて、ガラスのように「親水性」の性質を持った物質の表面近くに作られる、粒子や分子を排除してしまう領域は「排除層」と名付けられました。

「排除層」以外の部分、すなわち親水性の表面から遠く離れた領域には、ごく普通の水分子がたくさん含まれていて、「バルクの水」と呼ばれています。「バルクの水」というのは、「その他大勢のごく普通の水」という意味です。

「排除層の水」＝『第4の水の相』

ポラック博士やその他の研究者たちにより、「排除層」の物理化学的な性質が調べられました。その結果、「排除層」は、「バルクの水」と比べると屈折率や粘性が大きく、紫外線や赤外線の吸収のパターンも異なることがわかりました。固体・液体・気体のどの『相』の水とも物性が異なっていることが明らかになったので、「排除層」の水は『第4の水の相』とも呼ばれることになりました。

『第4の水の相』の分子構造

「排除層」を構成している各層は、図1に示されているように、正六角形が平面に敷き詰められた形になっています。この構造を詳しく見ていくと、図1の円内に示されているように、六角形の頂点には酸素原子（赤い大きな原子）、頂点を結ぶ辺の中点には水素原子（青い小さな原子）が配置されていることがわかり

Dr. Gerald Pollack／講演者および著者として世界的に認められている科学者。第1回江本平和賞を受賞し、ワシントン大学の最高の栄誉である年間教員講師賞を受賞している。研究ジャーナル“WATER”の創刊編集長であり、ベンチャー サイエンス研究所の所長でもある。ポラック博士の 著書には、「The Fourth Phase of Water」(2013年)、「Cells, Gels, and the Engines of Life」(2001年) などがある。

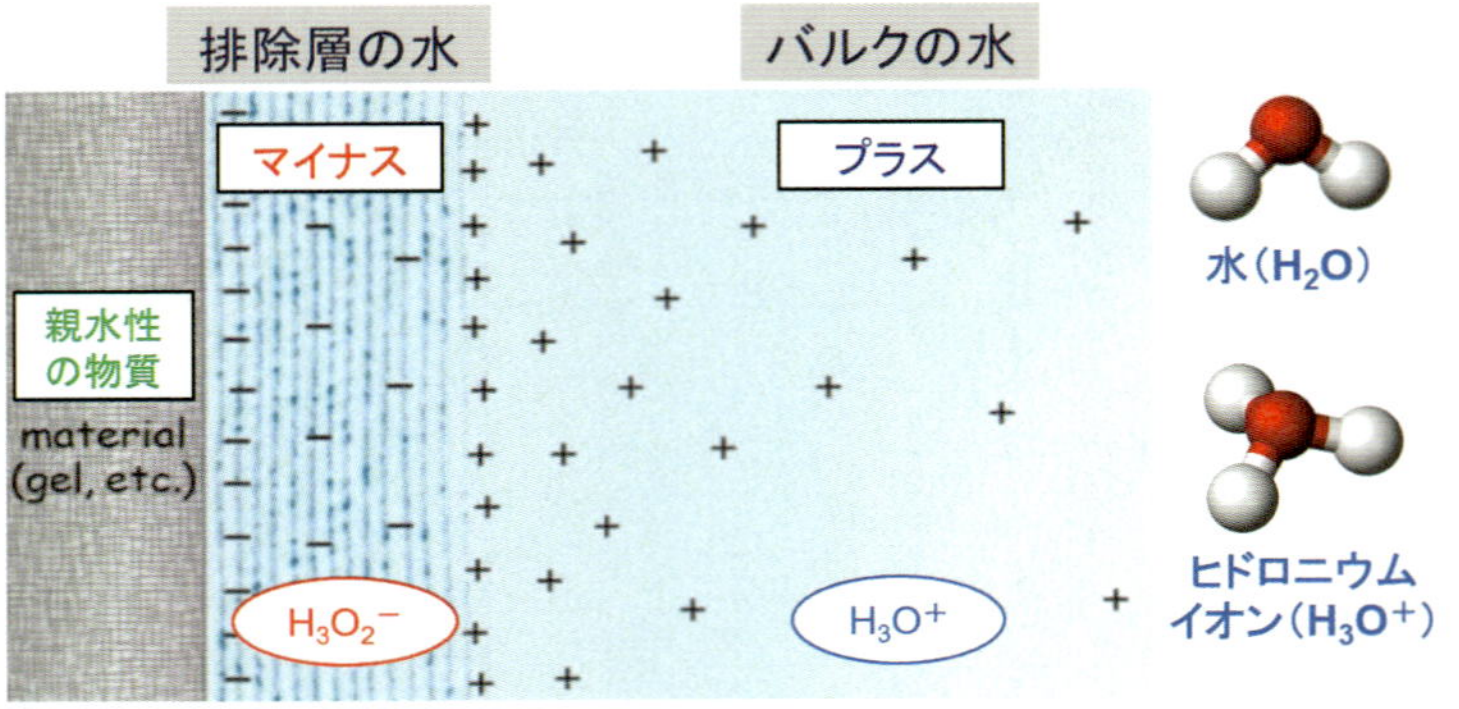

図2「排除層」＝『第4の水の相』の電気的性質

ます。

驚くべき点は、この「排除層」の構造を化学式で表すと、「H_2O」ではなくて、「H_3O_2」になるということです。さらに、各原子が持つ電荷を考慮すると、最小単位の六角形一つ当たり、マイナス電荷を一つ持つことがわかります。その結果、「排除層」の構造式は「$H_3O_2^-$」となります。従って、図2に示すように、『第4の水の相』、すなわち「排除層」の部分では電気的にマイナスになっているのです。

その一方で、同じく図2に示すように、「バルクの水」の部分では、多数の普通の水分子「H_2O」に加えて、ヒドロニウムイオンと呼ばれるプラス電荷を持ったイオン「H_3O^+」が形成されます。元々は中性の水「H_2O」から始まっているので、結果として生じる「排除層」のマイナス電荷と「ヒドロニウムイオン」のプラス電荷の数は同じになります。

水電池

コップの中の水は、全体としては中性を保ちつつ、電荷の分離が起きていることになります。電荷が分離したということは、「電池が作られた」ということです。

図3 水電池

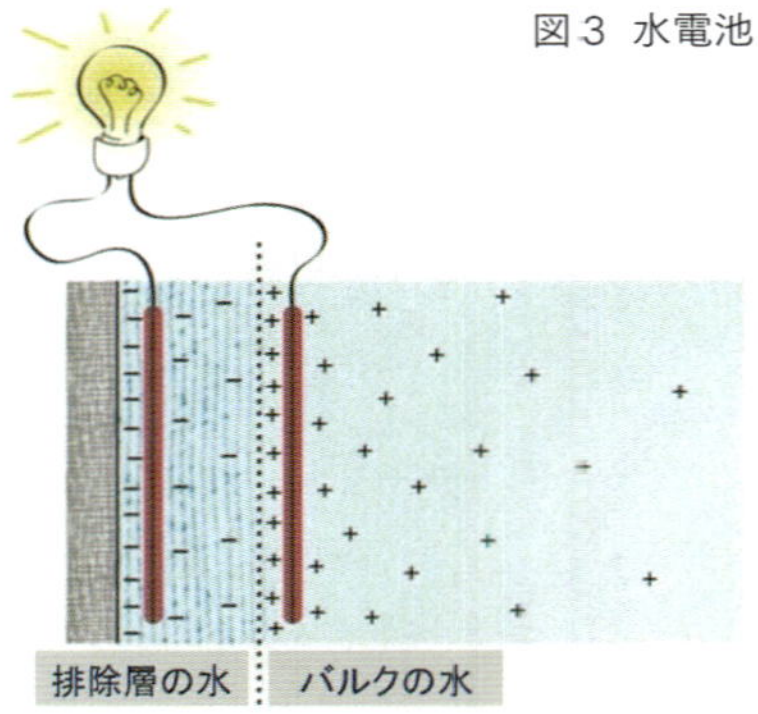

実際のところ、図3に示すように、マイナス電荷を持つ「排除層」とプラス電荷を持つ「バルクの水」の間に電線を繋ぐと、電気的エネルギーを取り出すことができます。

水電池のエネルギー源は何か？

「排除層」すなわち『第4の水の相』が形成されるとともに電荷が分離して、電池となり、そこから電気的エネルギーを取り出すことができることが分かったのですが、そのエネルギー源は一体何でしょうか？

ある時、ポラック博士の学生が何気なく、懐中電灯で光を当ててみたところ、そこだけ「排除層」が厚くなることを発見しました。実際、図4に示すように、光を照射すると、排除層が数倍、厚くなります。

この実験から、水電池のエネルギー源は、外部から照射される光であることがわかりました。

さらに詳細な実験を積み重ねた結果、目に見える光、すなわち可視光よりも、赤外線の光の方が、はるかに効果的にこの層を厚くすることもわかりました。

赤外線はいわゆる熱線ともいえるもので、私たちの身体も、部屋の壁も机も椅子も、温度を持っているものであればすべて、多かれ少なかれ赤外線を発しています。夜、部屋の電気を消し

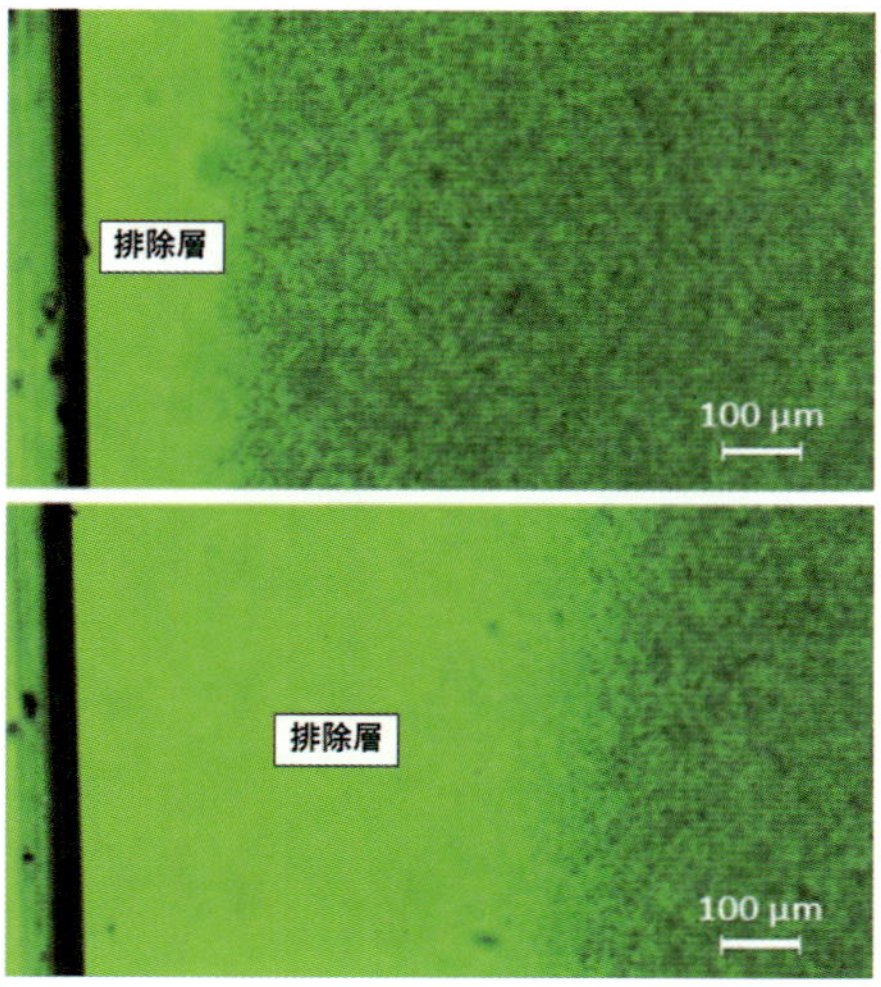

図4　光を照射することにより、「排除層」は厚くなる。

ても、あらゆるものが赤外線を放射しているため、赤外線感知カメラを使えば、暗闇の中でも物を見ることができるのです。

身体の中の水はほとんどが『第4の水の相』

私たちの身体の7割は水であるといわれますが、身体の中に含まれている水分子を考えた時、0・1㎜よりも近いところに、必ずといってよいほど「親水性」の表面が存在しています。ということは、ガラスのコップ一杯の水を調べた時の結果を適用すれば、身体の中の水は、「事実上そのすべてが『第4の水の相』の水である」ということができます。

血液循環の仕組みを説明する『第4の水の相』

私たちの身体の中には、総延長10万キロメートル、すなわち地球二回り半にも及ぶ長さの血管が存在するといわれています。顕微鏡で毛細血管の中を通る赤血球の姿を観察してみると、毛細血管の太さよりも赤血球の方がずっと大きいことがわかります。すなわち、赤血球は毛細血管を通る時、ひしゃげた形に変形しながら通って行かざるを得ません。

となると、毛細血管を通る血液の流れにおいては、大きな抵抗があるはずです。実際、心臓のポンプ作用のみでは、すべての毛細血管に血液循環の流れを起こすには不十分なはずだ、と一部の科学者は考えてきました。

ポラック博士は、この血液循環の仕組みを解明するために以下の実験を行いました。

図5に示すように、親水性の素材でできた透明なチューブを、水の入った容器の中に沈めます。水の動きを視覚化することができるように、チューブ内の水には、あらかじめラテックス製の微粒子を懸濁させておきます。

顕微鏡で観察したところ、図5において矢印で示されているように、チューブの中を水が自動的に流れることが見出されました。

水が自動的に流れる「仕組み」は以下の通りです。

図6に示すように、水が光（特

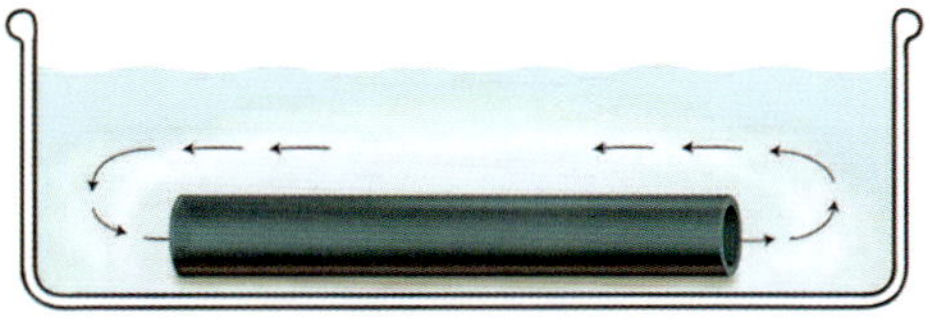

図5　親水性のチューブを水の中に沈める実験

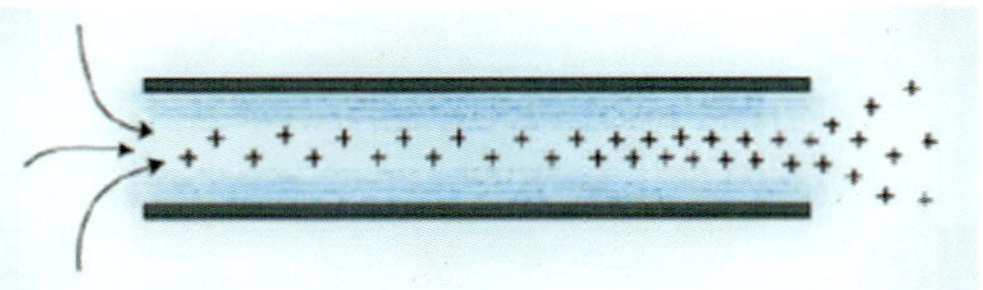

図6　親水性のチューブの中を水が自動的に流れる仕組み

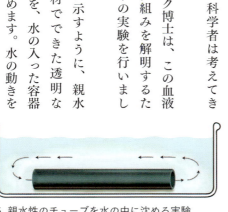

に赤外線）を吸収することにより、親水性チューブの内壁の近傍にはマイナス電荷を帯びた「排除層」が形成されます。

　一方で、チューブの中心部分では「バルクの水」が形成され、たくさんのヒドロニウムイオンが作られます。

　図2と図3で示したように、「排除層」は多数の層が積み重なって形成されているので、自由に動くことはできませんが、ヒドロニウムイオンは図3に示されているように、水分子に陽子（H^+）が一つ結合して作られたイオンなので、とても小さく、自由に動くことができます。そして、プラス電荷を持つヒドロニウムイオン同士の間には電気的な反発力が生じるために、お互いから離れようとします。偶然、左向きと右向きの力が完全にバランスされれば、水の流れは完全に停止するかも知れませんが、実際にはそのようなことは起こらず、ごくわずかにしてもアンバランスが生じるので、結果として図5と図6に示すように、どちらかの方向に向かって水の流れが生じることになります。

　ポラック博士はこの実験結果から、「血液循環が起こるためには、心臓のポンプの作用だけでは不十分であり、『第4の水の相』の仕組みを考えなければ、血液循環は説明できない」と考えています。まったく驚くべき研究成果です。

まとめと展望

　当記事では詳しく触れるスペースはありませんでしたが、故リュック・モンタニエ博士によって、「水は情報を記憶する」ということが、科学的に証明されています。具体的には、既知のDNAの水溶液の入った試験管の隣に、水のみが入った試験管を置いて、一晩経った後に、水のみが入った試験管に対して、PCRを行ったところ、DNAが増幅されてきました。そこで、増幅されてきたDNAを詳しく調べたところ、一本目の試験管の中に含まれていた既知のDNAと同じ長さで、ほぼ同じ塩基配列を持っていることがわかったのです。

　モンタニエ博士とポラック博士の実験結果をまとめると、以下の2つになります。
（1）水は情報を記憶し伝達する。
（2）水はエネルギーを貯蔵し変換する。
　現代の生物学や医学・薬学においては、これらの観点に立った研究はまだほとんど行われていませんが、およそ7割が水で構成されている私たち地球型の生命形態においては、水が持っているこれら2つの性質が、生命活動を行う上で決定的に重要な役割を果たしているのではないか、と筆者は考えています。

　神経系や内分泌系による情報伝達の仕組みももちろん重要ですが、それらよりもはるかに基本的かつ根源的なところで、水を介した光（光は情報とエネルギーの両方を運びます）による情報伝達やエネルギー変換の仕

図7 光と水の相互作用：『第四の水の相』が界面となる。

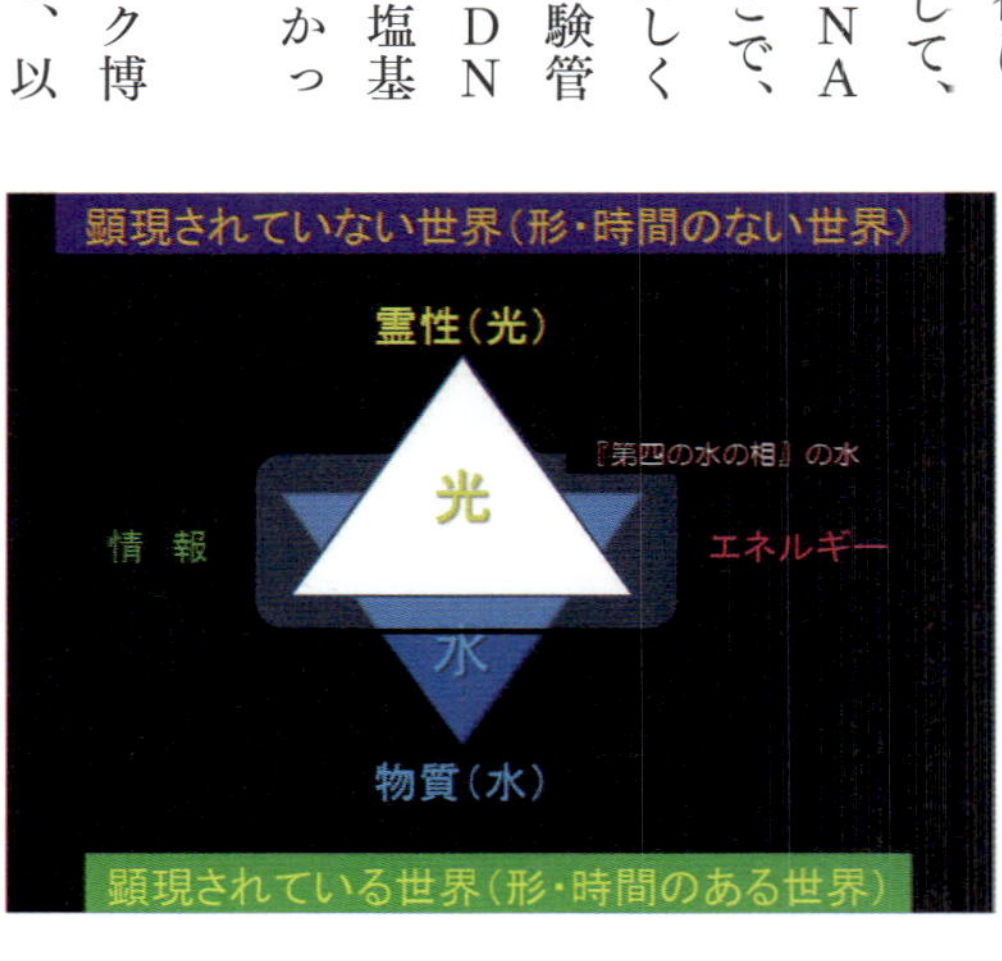

組みが働いているのではないでしょうか。

　またこの宇宙で生命が誕生した時に、生命活動を支えるための最も基本的な仕組みとして、光と水の間の相互作用が利用されたのではないでしょうか。そして、水としては、特に『第4の水の相』が活用されてきたのではないでしょうか（図7）。

　ちなみに「エネルギー医学」の権威であるジェームス・オシュマン博士は、意識や記憶の仕組みにおいても、『第4の水の相』が重要な働きをしているのではないか、と言われています。

　水の科学的な研究は、宇宙や生命、そして意識を考える上で、今後ますます重要なものとなってくるでしょう。

　水に関するさらなる研究の発展がとても楽しみです。

生命システム
研究所

根本泰行（ねもと やすゆき）
1988年に東京大学理学系大学院を修了（理学博士）。生命システム研究所・代表、合同会社オフィスマサルエモト＆株式会社IHM・顧問、（一社）エネルギー医学インスティテュート＆（一社）健康科学研究所・理事、神奈川歯科大学大学院統合医療学講座・非常勤講師（「波動・エネルギー療法」担当）。
2022年に始動した生命システム研究所では、「新しい水の科学」に加えて、『宇宙究極の謎』や『宇宙の創造原理』、『意識の二階層論』など、ユニークなテーマでの講演を行ってきている。2025年5月より、「唯物論」や「現代進化論」、「<人間＝宇宙のチリ>論」などによって不当に矮小化された人間の尊厳を回復することを目的として、新たに「生命システム・アカデミー」という講座シリーズを開講する予定。

あらゆる時空を繋ぎ、万物を運ぶものこそが「水」

～水のパイオニアたちによる、水・意識・波動に関する最新情報～

株式会社アイ・エイチ・エム／合同会社オフィス・マサル・エモト　**江本博正**

合同会社 IHM スマイル　**大木義昭**

「水には意識があるのか？」、「水に人の感情や思考が伝わり、水の性質は変容するのか？」……。その分野を切り開いた第一人者こそ、意識、波動、水の探究者として数々の実績をもつ江本勝氏。今回は、彼の意志を継ぎその教えを世界中に普及する江本博正氏と波動部門を担う大木義昭氏に、水と意識の関係についての最新情報をお話いただきました。

取材・文／北條明子（HODO）

水質まで変容させた人の祈りのエネルギー

株式会社アイ・エイチ・エム／合同会社オフィス・マサル・エモト　江本博正

世界中の600人で一斉に水へ祈りを捧げる

2022年10月に静岡県浜松市の浜名湖のほとりで、我々は「第一回世界水まつり」を開催しました。日本各地だけでなく世界中を繋いでいるお水さんに愛と感謝を捧げ、世界平和を実現するイベントです。

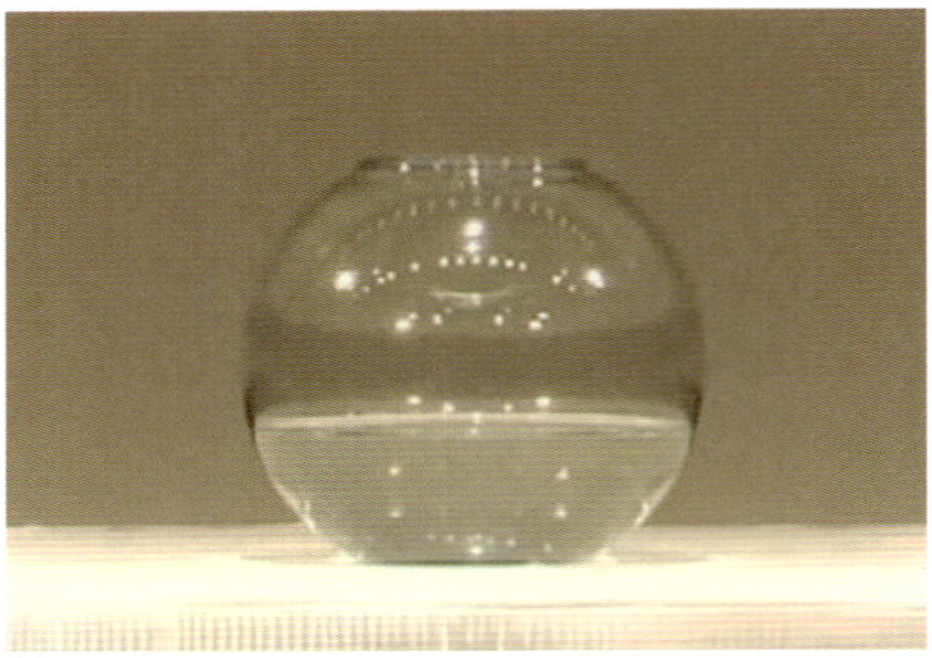

国内外の600人で一斉に愛と感謝の祈りを捧げた水。

さまざまな催しの中の目玉は、参加者全員で一斉に祈りを捧げたお水を浜名湖に流し、その水が外海へ入り、さらに世界中の海へ注がれ、愛感謝の想いを広めるという企画でした。

あらかじめ、浜松で里山再生に取り組む「みつはの杜」の敷地内の湧き水を採水しておき、イベント当日、会場の舞台に大きな器に入れた水を設置し、その場にいる約100名と世界中からのオンライン参加者約500名、計600名で同時に水へ愛と感謝の祈りを捧げました。

祈りの言葉は、ハワイに古くから伝わるホ・オポノポノに倣い、「お水さん、ごめんなさい。お水さん、許してください。お水さん、ありがとう。お水さん、愛しています」を3回、そして、英語でも同様に3回唱和しました。

今回は、金沢にある水質測定調査会社に依頼し、祈りを捧げる前と後の水の分析をしていただきました。17項目にもわたる検査項目があったのですが、驚く結果が出たのです！（図1参照）

CODの数値が15→7へと大幅改善

多くの項目で水質改善がみられたのですが、特筆すべきはCOD（Chemical Oxygen Demand：化学的酸素要求量）という項目。これは水中に含まれる有機物などの汚濁を測る指標です。

CODの数値が高いと水は有機物などの汚れで濁っている状態で、数値が少なくなるほど汚れが少なく、濁りのない透明な水に近いということです。

そのCODの数値が何と祈りの前後で15→7まで改善しました。15は魚などが棲めない大変汚れた

図1 祈りの前と後の水の水質検査結果。

2022.10.16　世界水まつり検査水

②～⑦は参考として記載

		電気伝導率	抵抗値	塩濃度	無機塩類	残留塩素	pH	Ca2+	Na+	K+	Mg	NH 4-N	NO2-N	NO3-N	ORP	全硬度	COD mn	溶存水素
		mS/cm	kΩ·cm	%	mg/l	mg/l		mg/l	mg/l	mg/l	mg/l	mg/l	mg/l	mg/l	mV	mg/l	mg/l	mg/l
①	2022年10月16日 原水	0.21969	4.98	0.01	107	0.0	6.5	26	5	11	5	0.1	0	0.5	320.4	60	15	0
②	2022年10月16日 祈り水	0.18185	5.58	0.008	95.2	0.0	6.6	22	5	6	5	0.2	0	0.2	252.0	70	7	0
③	東京都墨田区水道水（参考数値）	0.2098	4.79	0.01	112	0.4	7.6	23	34	0	2	2	0	2	514.8	100		0
④	金沢市水道水（参考数値）	0.1013	9.92	0.005	53.5	0.5	8.0	7	13	0	2	0	0	2	608.6	30		0
⑤	精製水（参考数値）	0.02775	36.2	0.001	11.73	0	8.9	1	5	5	1	0	0	1	373.6	0	0	0
	理想値	0.06～0.19	6以上	0.004～0.09	30～70	0	7.2～8.0	5～15	5～20	1～10	1～10	0	0	0～0.2	200～350	20～30	0～4	0.2～1

- 原水と祈り水とのデータ有意差
- 電気伝導度（高いと無機塩類が多い）低下していることから溶存酸素が使われ無機塩類が分解され細かくなった影響と観られる。
- ＣＯＤｍｎ低下していることから溶存酸素が使われ無機塩類が分解され低下したと観られる。

水であり、7はまだ若干の汚濁は残りますが、鯉や鮒などが十分に生息できるお水だそうです。

水質調査会社の社長も「通常は湖水などのＣＯＤを改善するには色々な薬品を使っても数か月はかかる。これほど短時間で、薬剤や機器を使用せずに水質が大幅に改善した事例は初めてだ！」とものすごく驚かれていらっしゃいました。

他にも、電気伝導率、無機塩類、塩濃度等さまざまな検査項目の数値に良い変化が見られましたが、ＣＯＤの群を抜いた改善結果に私たちも驚き、集団での祈りのパワー、そして、そのポジティブで純粋なエネルギーを水がキャッチして、水の性質が変容するという紛れもない事実を目の当たりにすることができました。

なぜ水が、人の意識、想い、言葉によって、その性質を変容させるのでしょうか？

人の感情は体内の水に影響する

弊社の創業者であり、私の父である江本勝（２０１４年逝去）が１９９４年に世界初の水の氷結結晶写真の撮影に成功してから、約30年間撮影し続けてきた水の結晶写真の数々がそれを物語っていますが、これまで長年科学的な証明をできずにいました。もちろん今なお、水には不可解な部分が多く、１００％科学的にその答えを証明できたわけではありませんが、最新機器を用いた水質測定技術を使い、目に見えるデータとして公にできたことは大きな一歩だと感じています。人々の純粋な祈りが水に伝わり、水質が改善され、魚が棲めるくらいまで良くなった。それは紛れもない事実です。

水は人の意識や想念に感応し、それによって水の姿は変容する。ポジティブな想いには、水もポジティブに変容する。逆説的に考えれば、人の不安や恐れなどのネガティブな集合意識は、水にもネガティブな影響を及ぼす可能性があります。人の体の約60～70％が水です。ネガティブな想いや思考はその人の体の水にも悪影響を及ぼし、心身の不調和を引き起こし、引いては、世界全体の不調和をも引き起こしかねないのです。

今回の実験結果で私たちは自分たちの活動が間違っていなかったと確信し、人類の世界平和へ貢献するためにさらに探究していきたいと気持ちを新たにしています。

また、世界でも第一線で活躍されている研究者の先生方が江本勝のファンタジー、荒唐無稽といわれた考えを科学的に証明してくれ始めています。

アメリカの著名な細胞生物学研究者であるブルース・リプトン博士（世界人口の1％が同時に祈ると世界平和を実現できるという意識の

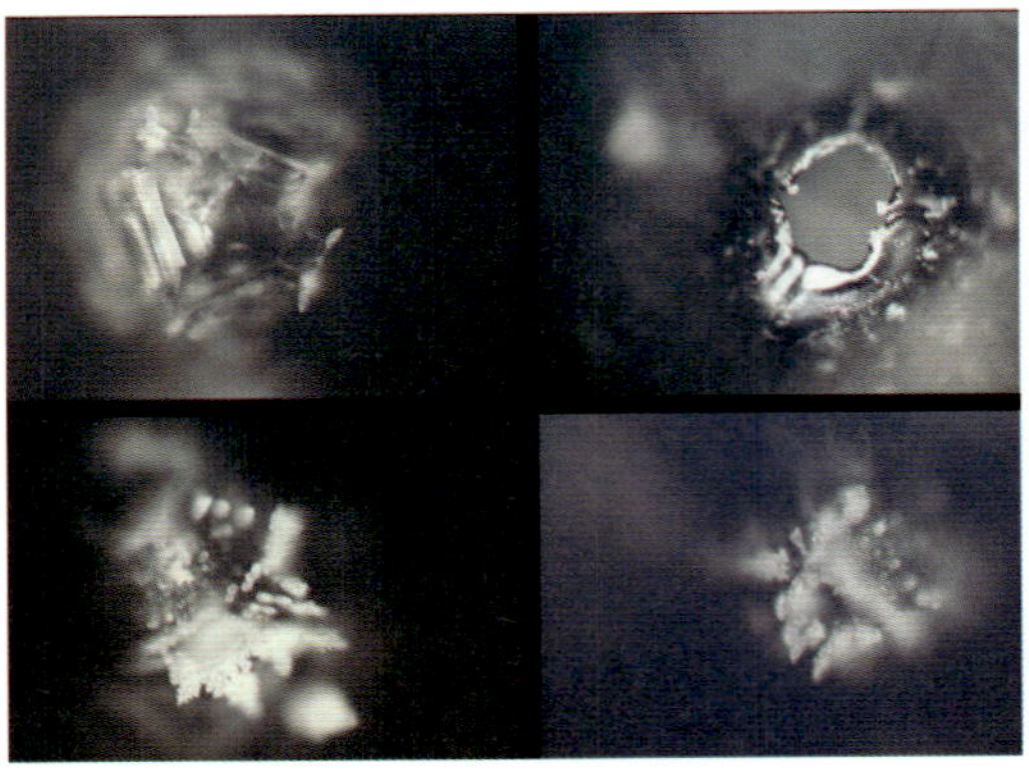

祈りの前の水の結晶写真。形が崩れているものが多い。

祈りの後の水の結晶写真。花が開いたように美しい姿となっている。

力に関する論文）や「第４の水の相」（注：詳細は本誌で根本泰行博士が寄稿されています）を発見したジェラルド・H・ポラック博士、『フィールド』の著者であり医療ジャーナリストのリン・マクタガート氏も長年江本理論をサポートしてくださり、人の思考、意識の大切さを広めてくださっています。

今回お伝えしたように、集合意識の力で水質が改善されたという科学的数値による証明はされましたが、水の真実の姿を解明するためには、やはり目に見えない世界や空間からの干渉や影響を知る必要がある、というのが私どもの考えです。

ここからは、弊社の波動部門を担う合同会社ＩＨＭスマイルの大木義昭代表が波動測定などを通してみずからが感じたことをお話させていただきます。

水の真実を解明するには、四次元的発想をもつことが鍵！

合同会社ＩＨＭスマイル　大木義昭

四次元的視点を持つと すべての解が見えてくる

弊社は江本勝会長が広めてきた水、意識、波動の中でも波動部門を担っており、主にＨＡＤＯカウンセリングやセミナーなどを中心に活動していますが、元々私は長年江本勝氏主宰の「波動友の会」の会員でもありましたので、何十年も仮説と実証を繰り返しながら、波動や水の世界をひたすら探究してきました。クライアント様のセッションで波動機器を扱っていると、目に見えない世界がいかに人の心身に影響を及ぼしているのかを強く感じますし、水がすべてのキーワードであり、媒介者なのだろうと確信に近い感覚を持っています。

水の結晶写真もしかり、波動測定で作成した波動転写水（波動測定で出た結果を元に、心身の状態を中庸に戻し、改善を促すためにお水にその人の波動情報を転写した水）もしかりですが、水は次元間を繋ぐメッセンジャーとして大きな役割を担っていると思います。

時間や空間などの制限がある三次元だけで考えると答えには到達できませんが、四次元的発想をもつと、すべてのつじつまが合いますし、しっくりいくのです。

生前、江本勝氏が「水の結晶写真」や「波動水」を撮影していた頃は世間で四次元的な発想がなかったために、科学者などからときにバッシングに合っていました。それは当時誰もがその答えを見つけられなかったからです。だから、インチキということになっ

図2「人間を構成するエッセンス」

ひ	光（太陽）＝魂
み	水（人間の約70％を構成）→水の情報医学
つ	土（人間の約30％を構成。物質）→西洋医学

てしまう。でも、そうじゃないんです。四次元の世界とこの三次元を繋ぐ役目が水。三次元的にどう考えても、解明できない。でも、四次元意識をもっているとすべての疑問が解ける。

おそらく、江本勝氏も四次元的意識を持つ先駆者だったんです。世間の人よりもその発想が随分早すぎたので、当時は科学者たちになかなか受け入れられませんでしたが、それを「水の結晶写真」という形で世に出すというお役目は果たせたと思います。あとは科学者や研究者、量子力学者がさらに探究してくれればいいだけですから、そこは期待しています。

人間を構成する「ひみつ」とは？

最近、僕がセミナーなどでお話するのが、「人間を構成するエッセンス」（図2参照）です。

光と土を繋ぐのは水。天と地を結ぶのは水。すべてを繋ぎ合わせ、結び付けるのが水なんです。

たとえば、人間は死んだら体内の70％近いお水が無くなるので、光になります。肉体を離れて魂に還るんですね。

ひ（光）、み（水）、つ（土）、三つのエッセンスが揃ってはじめて人間となる。すべてのバランスが大事です。

近年、心身の不調和が引き起こす社会問題や事件が増えており、西洋医学では治せない疾患も数多く存在しています。それは身体の7割を占める「水（み）」を診ていないからかもしれません。西洋医学は「土（つ）」となる残り3割を診ていますが、身体の大半を構成するお水を良くしてあげないと根本治療には至らない。その人の心と身体の奥深くの情報（潜在意識）も手繰っていき、本当の原因は何だろう、どうしてこういう心（体）の状態になったのか、と玉ねぎの皮を一枚ずつ剥くように丁寧に調べていくと、意外なところに原因があったりします。

それらはすべてお水さんが情報を持っていて、波動という形で原因や解決のヒントを示してくれています。

これらは三次元的思考だけでは絶対にわからない情報です。四次元的見方をすると、水の真実にかなり近づくことができる。

これこそが宇宙のひみつであり、水の正体をはじめ、この世の謎を解く鍵になるのではないでしょうか。そして人類の意識覚醒や次元上昇、地球繁栄のための近道になるのではないかと思います。

大木義昭　（おおき・よしあき）

（同）IHM スマイル代表。30 年以上に渡り江本勝の波動理論を学び、独自の手法で波動測定技術を大きく進化させ、その精度と深度には定評がある。現在、HADO カウンセリングやセミナーなどを通じて、人々の健康や幸せに寄与しながら、人の意識と水に関して日々探求している。
https://ihmsmile.com/

IHMスマイル
ホームページ

江本博正　（えもと・ひろまさ）

（株）アイ・エイチ・エム、（同）オフィス・マサル・エモト代表、（一社）世界水まつり代表理事。
水の結晶写真集『水からの伝言』で有名な江本勝氏の跡を継ぎ、国内外で意識、波動、水の重要性を広めるさまざまな活動を展開。2019 年『水からの伝言 ザ・ファイナル』（ヴォイス出版）を上梓。
https://hado.com/

I.H.M.
ホームページ

水の持つ力

水の魔術師シャウベルガーの水論を読み解く

筑波大学名誉教授
板野肯三

20世紀初頭のオーストリアの水の魔術師
ヴィクトル・シャウベルガーについて、
サイエンスとスピリチュアルの両方に軸足を置きながら
多方面の研究を行っている
板野肯三さんに解説していただいた。
「生きている水」とは、
水の精霊が存在する所とは――

文／板野肯三

水の魔術師シャウベルガー

20世紀初頭、ヨーロッパのオーストリアにヴィクトル・シャウベルガーという人がいて、彼は水の魔術師といわれた。なぜ魔術師といわれたのかというと、非凡な業績を挙げていたのに、それが他の人には真似できなかったからだろう。あまり試行錯誤をしないで答えを出してしまったり、やっていることが常人の理解を超えていたということもあったかもしれない。シャウベルガーの場合は、テーマは「水」である。水は当たり前のように私たちの身の回りにあるが、私たちが、この水のことを本当の意味で知っているわけではない。シャウベルガーは、そのことを私たちに見せてくれたといってもいいだろう。

彼が最初に着目したのは、水を遡るマスの動きである。川を流れる水は下流に向かって流れているが、この中を遡るマスは、ときどき静止するような動きを見せる。なぜ、流れの中で止まれるのか。ここからシャウベルガーの洞察が始まる。彼はマスが流れる水の中で受ける力をイメージした。そしてこれが、やがて山で切り出した木材を運び出す水路を作ることに繋がっていく。

当時は、山で切り出した木材を運び出すのは簡単ではなかった。そこで彼は革新的な方法を考案する。水路で木材を運び出す方法である。上流から細い水路に水を流して、ここに木材を浮かべ流すのだが、普通は、向きを変えるときに木材が水路に激突してうまくは流せない。それを、向きを変えるための接続用のマスのところで流れる水の動きを工夫すると、木材は、蛇が身をくねらせるように螺旋回転しながらその向きを変えるようになった。この方法で彼はまとまったお金が手に入り、後の研究ができるようになったのである。

生きている水と死んでいる水

　シャウベルガーは、頭だけで自分で何かを考え出すというより、自然の中に存在する天然の仕組みを洞察し使うことを好んだ。川を流れる水の動きの洞察は、その後に彼のやったことの中でも中心的なものになっているといってもいいだろう。川というのは、自然に流れるときは蛇行するので、現代では、護岸工事をして川の蛇行を止めるようにするのが一般的である。だが、ここに大きな問題がある。私たちは、なぜ川が蛇行しているのかという意味を知らない。

　まず、川が蛇行するときの水の流れは、左右の蛇行において、右旋回と左旋回が切り替わる。最も旋回が激しいのは、川のカーブが最もきつくなっているところで、ここでは水は3次元的に旋回している。縦旋回と横旋回を合わせたような旋回である。これが、次の逆向きの蛇行点では水の旋回は逆旋回になる。そして、川の流れは、蛇行の最もきつい場所から次第に緩やかになっていって、次の蛇行に入っていく。そして、水の旋回がこの二つの蛇行の中間点で切り替わる。

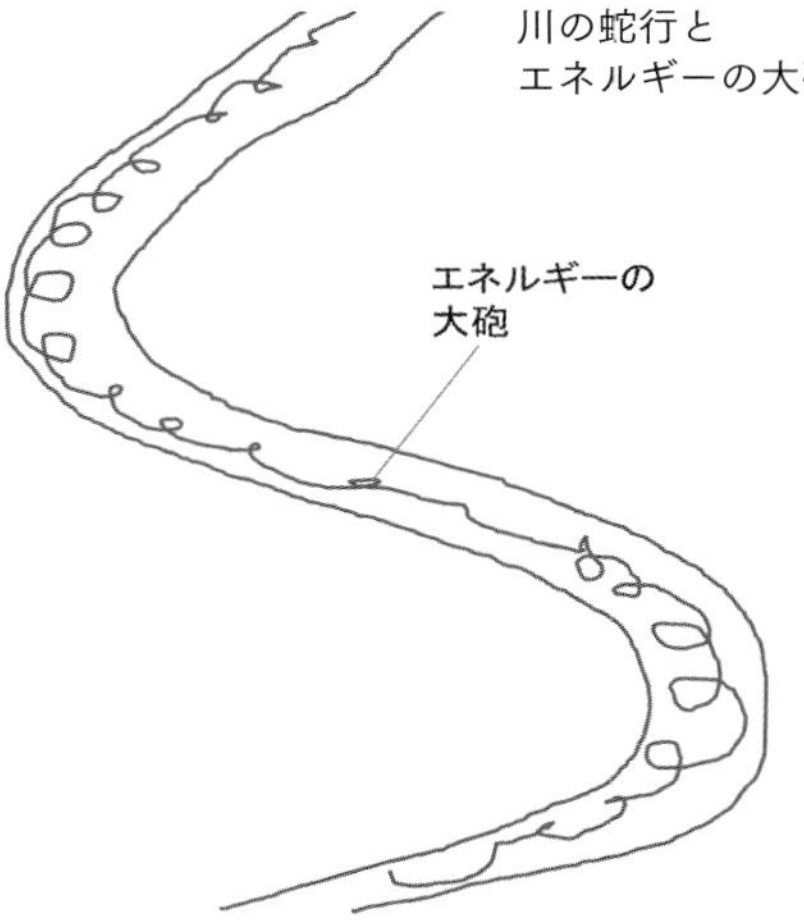

川の蛇行と
エネルギーの大砲。

　シャウベルガーがいうには、水の、この交互の旋回の時に自然界の中からエネルギーを吸収し、そして、この旋回が切り替わるところでエネルギーを放出している。だから、この中間点をエネルギーの大砲というのだそうだ。この枠組みが、水にエネルギーを与えている。すなわち、この動きによって川は生きているのである。

　「生きている」というのはいくつか意味があって、一つは、水にエネルギーが入っているということもあるが、水の力学的なエネルギーというものもあって、川の水が運べる土砂が少なくなると、それが川底に堆積していく。川が浅くなっていくのである。それが洪水の発生に繋がることになる。現代の科学的な対応としては、川の堤防を高くするしかないが、川底が上がっていくのでいたちごっこになる。

　あとは、川底の土砂を取り除く浚渫《しゅんせつ》くらいしかない。川が十分なエネルギーを持っていれば、土砂はしかるべきところまでは運ばれる。こういうことを理解すれば、改修工事をするとしても、直線的な護岸にするのは良くないということがわかるだろう。

4℃の水

　もうひとつ重要な話は、自然界の中の湧き水の話である。そして、ここで4℃という水の温度に関する特異な話が登場する。私たちは、山の中で自然に湧いている水は、一般に非常においしいということはよく知っている。だがそれだけではないらしい。実は、「本物の泉」というのが存在するのだそうだ。そして、この本物の泉には4℃の水が関係するらしい。ある種

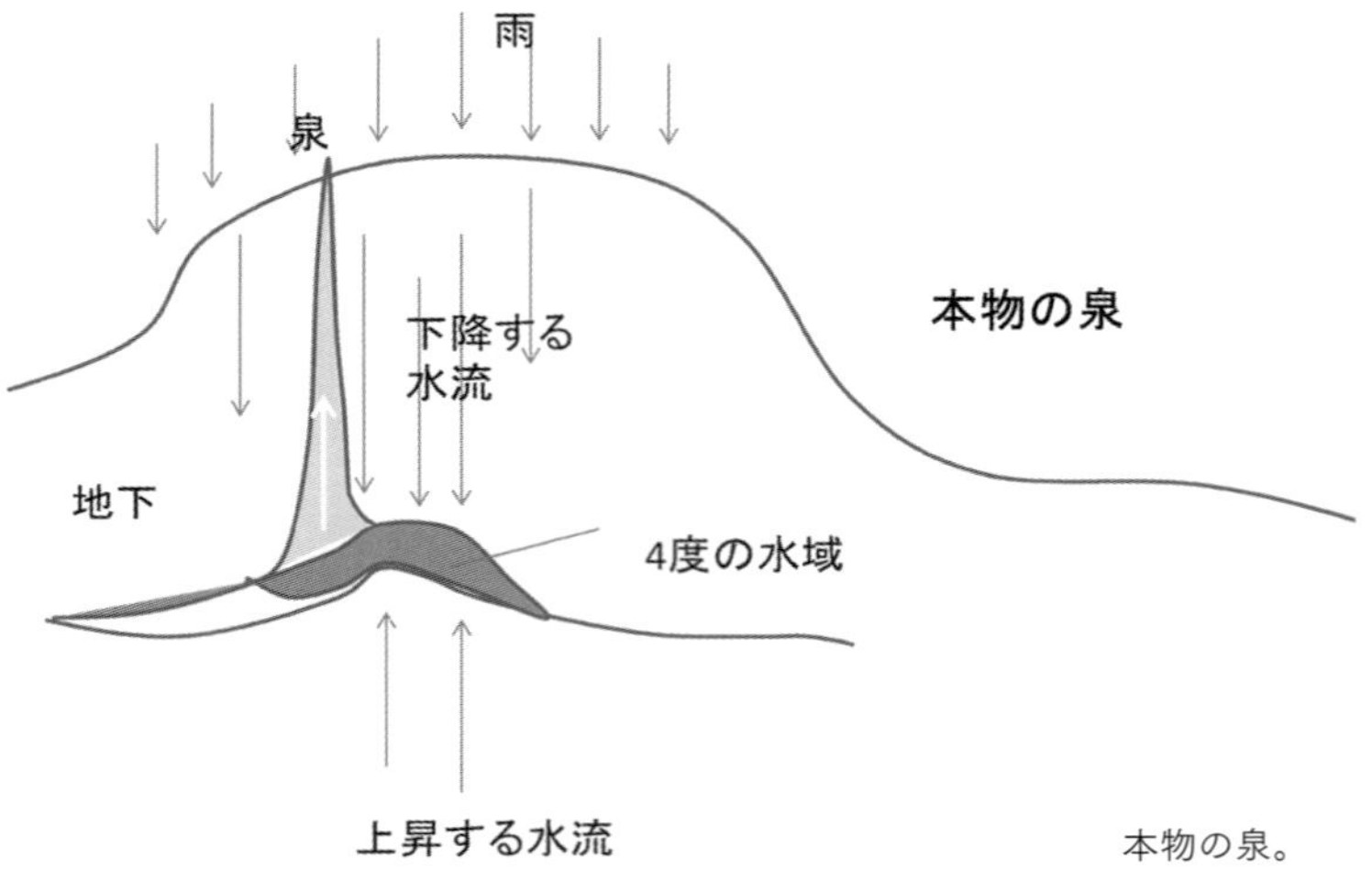

本物の泉。

の水のエネルギー特性を見るときの特異点として、4℃の水があると彼は言っている。科学的には、水は4℃のときに密度が最も大きく、体積が小さくなっている。それと地中の温度であるが、今の科学的常識では、地中の温度はそんなに変化せず、地上の温度が気候の影響を受けて暑くなったり寒くなったりしてもほぼ一定で、日本くらいだと10℃前後ではないかといわれている。地下深くのマグマが影響するようなら、地下の温度は深いほど高い。

シャウベルガーのいうモデルでは、地下から地上に向かって上昇する水流と、地表から雨が地下に降下する水流がぶつかって、地下で水が圧縮され4℃の水域ができ、この水が地上に噴き出す場所がある。これが「本物の泉」であるというのである。

私がときどき行っている湧き水の温度を計ってみたところでは10℃前後のことが多く、4℃の水には出合えていない。ヨーロッパのアルプスとかだとこういう温度の水があるのだろうか？

温度のことはさておき、私の見るところでは、この「本物の泉」の本物たるところは、温度が4℃であるということも大事なのかもしれないが、それよりも、4℃の水がエネルギー特異点としての性質を持っているのではないかということである。わかりやすくいうと、この温度の水が、高次のエネルギーに共鳴している可能性があるということである。

シャウベルガーの洞察というものがどこから来ているのかということがあるが、これは科学的な理屈を論拠としているものではなくて、自然というものを直接観察しているときに得られる直感的認識から来ているように思われる。彼の魂は科学者の魂であるように私には思えるが、自然というものから、何を直接受け取るのかというのは非常に重要なことである。自然界の中を見るといっても、すべてが肉眼で見えるわけではない。だから、そこで何が起こっているのかというのは、目で見て理解するだけでは難しい。ある意味の直感が働かないと、いずれにしてもわからないことが多いから

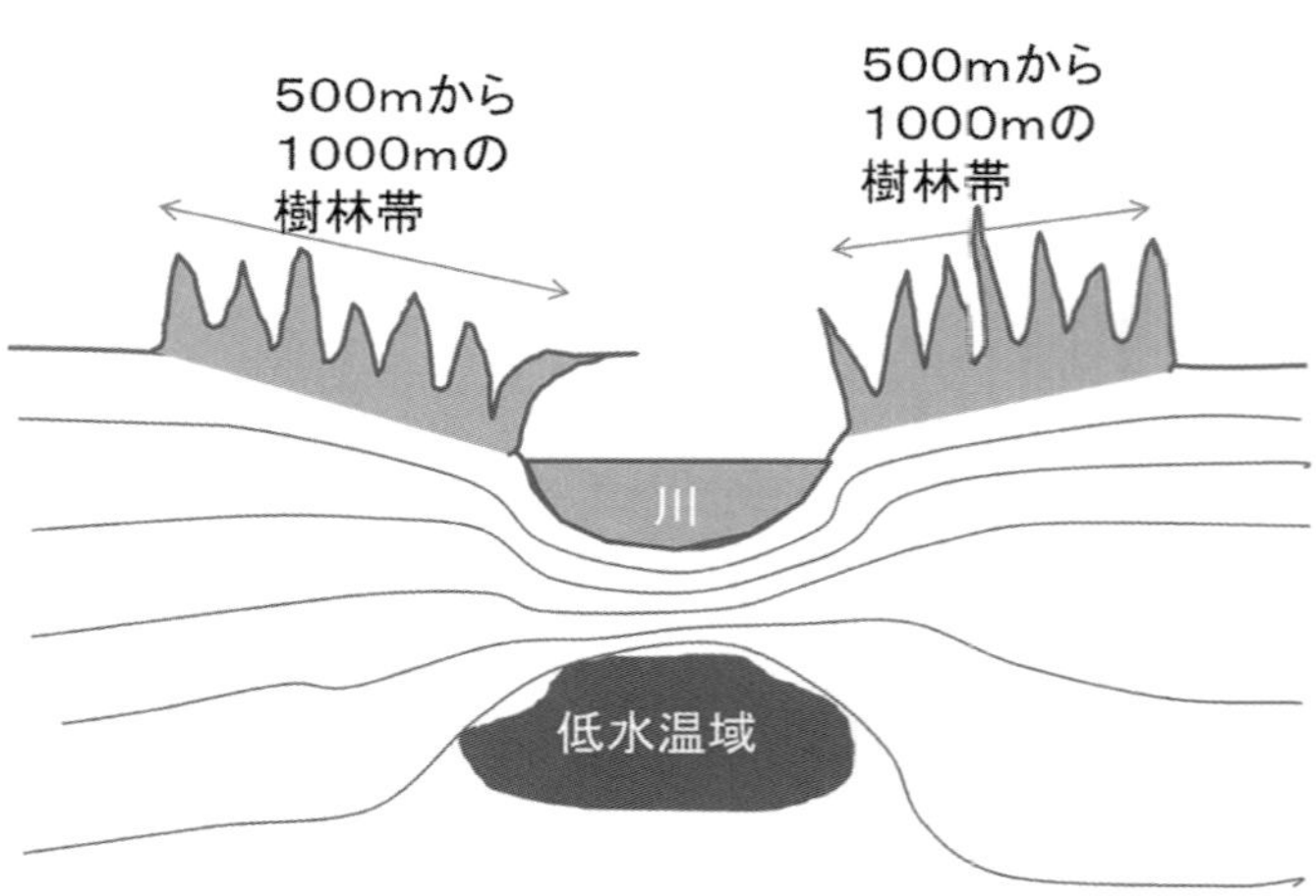

河岸の森を再生させると地下水が増える。

Viktor Schauberger／1885〜1958年。オーストリアの森林管理者、博物学者、哲学者、発明家、生体模倣実験者。水の神秘性を探究したオーストリアの神秘的認識力をもつナチュラリストでもあり、特に水の力と流体力学に関する独自の理論で知られている。

である。まあ、彼はわかっていたのだろう。

川を流れる水の温度が上がり、低温の領域に繋がっていないと川は死んでしまう。だから、川の河岸には樹木を植えて川を守らないといけない。川を冷却するという観点からすると、川の両岸に、それぞれ５００〜１０００ｍの幅の樹木帯があることが望ましいとシャウベルガーは言っている。このくらいの木が生えていて、やっとその一帯の水温が下がってきて、地下の水系にも摂氏４℃の水が現れてくる。川が生命を取り戻すのである。樹木の根を通しても水温は下がるし、その地域の水温が適正なところまで低下していく。これが自然の姿である。今ではこういう条件が整っているのは、一部の山間の奥深い森がある地域だけかもしれない。そこまで自然が破壊されているのである。人口密集地はもちろんのこと、農地があちこちに拡がり森が姿を消しているからだ。そして、森を開墾して畑を増やすという視点だけでは、収穫は増やせないのである。

形の影響

形の影響について、最後に触れておこう。私の実験では水の酸化還元電位を測っているが、水を入れる容器の形状を調べてみたところ、卵型の容器について特異な反応が現れた。卵型の容器というのは古来から使われているもので、日本でも水瓶は卵形をしていることが多い。ワインの発祥の地のグルジア（現ジョージア）では、ワインを卵型の壺に入れて土の中に埋めて発酵させる。この方法は、特に大地の中にある生命エネルギーを集めるのに有効な方法のようであり、シャウベルガーも、有機肥料の醸造に推奨している方法である。実際に、卵型のガラス瓶に水を入れて、土の中に埋めて酸化還元電位を測ってみたが、顕著な効果が現れた。まあ、こういうことが、関係があるはずがないと現代の科学では思われているので、こういうことをいっても認めてもらえないだろうが、実際には効果があるというところが面白い。

なぜか、種子や卵はこの形をしている。細胞の形もそうである。意味があるということだろう。そして、水の滴というのもこの卵形である。多くの生命では、成長の先端で卵型が使われる。螺旋《らせん》にも、右回り（時計回り）の螺旋と、左回り（反時計回り）の螺旋があり、右回りが女性的で、左回りが男性的なエネルギーに同調する。陰陽でいうと、男性的なものが陽、女性的なものが陰である。この陰陽を組み合わせる時の、シャウベルガーのいう陰陽のバランスは、おおよそ陽１：陰２である。正確には、１：１・６１８、すなわち、これは黄金比である。松かさの場合だと、カサの中に上向きの螺旋と、下向きの螺旋が組み合わされていて、この螺旋は、上向きは8本、下向きは5本になっている。この8と5の比率は1・6で、黄金比の1・618に近い。卵型の形状に、見事な陰陽の螺旋が現れているものがある。傘状の実である。

松かさの場合は、このかさの

中の羽根の部分が、それぞれの右回りと左回りの螺旋の交点に位置していて、実はこの羽根のところに種子ができる。そういう意味で、なかなか神秘的なのである。それと、この「松かさ」自体が見事な卵型をしている。私たちが一番よく見るのはニワトリの卵であるが、もちろん鳥の卵は皆卵型だし、生き物の細胞の原型となる形であるということだろう。

水の成熟性

この水が成熟しているかどうかというのもシャウベルガーの水に関する独特の表現である。成熟しているということの意味は、複雑な精妙な構造を持っている、生命エネルギーに溢れた水ということである。未熟な水は、ピュアであってもエネルギーが入っていないし、入っていても染み渡っていない。水が蒸発して気体になる段階で、液体の中に存在した構造やエネルギーはいったん解除される。そして、その気体の水が液体になってくる段階で雨となって降ってくるのであるが、この時に雨粒の核になる物質とかに問題がなければ、雨は水としてはシンプルでピュアである。最近の大気の状態では酸性雨ということもあり得るし、有害が物質が混じってこの雨がピュアとはいえないことも、もちろんあり得る。しかし、未熟な状態で大きな問題を抱えるというのは本来論外なことであって、そういうことがなければ、最初は無垢な状態で落ちてくるのである。

だから、地上に着いてからどういう経験を積むかで状態が変わってくるのである。はっきりいってしまうと、ただ地上にいたり地中に染み込んだりするだけでは、成熟したというようなレベルには到達しない。実は、成熟した水には個性がある。エネルギー構造に個性があるといってもいいだろう。

摂氏4℃の水というのが未熟な水の対極にある水で、成熟した水の究極にある水であるが、この神秘的な水というのもけっしてモノトナスな単色のものではないということである。とても細やかな繊細な波動を持っている。そしてこの波動は、同じ摂氏4℃の水であっても、場所が違えば微妙に違うのである。精霊ということでいえば、こういう大事な地下水の水域には水の精霊が存在している。それほど大事な神域にあたるような場所なのである。

私には、水の温度が摂氏4℃であるのかどうかということについての確証はないのだが、こういう大事な水の水溜まりのような場所が深い山の地下水脈の奥に存在しているのは感じることができる。ヨーロッパでもそうだが、日本列島の中にもそういう場所が多くの深い山の中に隠されているのは確かである。それは世界中どこでも同じである。だから、そういうことを知らないで地下水を大量に汲み上げたり、あるいは有毒な排水を流して地下水を汚してしまうのは、重大な問題である。場合によってはその大陸全体の問題になる。人間も含めて、そこに生きるすべての生き物に影響が出るからである。

成熟した水ということのもうひとつの意味は、水が奪う存在から、与える存在になるということである。そして、この与える存在になった成熟した水が、植物の根に出合うのだ。この時の植物の根は奪う存在であり、与える存在である水から多くのものを受け取るのである。実はこの時、この根の部分にある微細な器官が、ある意味の変換器、マイクロトランスミューター（微小変換器）のように働くのである。もうひとつの入り口は葉の気孔の部分で、ここからは空気が植物の体内に入ってくる。そして、同じように変換を受けることになる。

水の成熟というのは、私たちの日常の世界にある酒などの熟成と似ているところがあって、自然界の中で、ゆっくりとなじませないといけないところがあるということだろう。水にエネルギーが入ればそれでいいというものではない。悠久の時間の中で熟成された水というものがあるということである。

板野肯三　（いたの・こうぞう）
1948年岡山生まれ。東京大学理学部物理学科卒業。理学博士。専門はコンピュータ工学。筑波大学システム情報工学研究科長、学術情報メディアセンター長、評議員、学長特別補佐等を歴任。現在、筑波大学名誉教授。
自然や科学全般に幅広く関心を持って活動し、研究室で一粒の種から五百本以上の茎を出す稲を育てた。日本ソロー学会会員。「カタカムナを世界に広める会」会長。『地球人のための超植物入門』『水のはなし』『科学をこえて（改訂増補版）』『未来の農業を考える』『シュタイナーの観る自然と農業の世界』『シャウベルガーの自然農法と水の神秘』『自然農法とは何か？』『スピリチュアルアート統合版』『新型コロナウイルスと地球の温暖化』『サイエンスをスピリチュアルする』『地球人のための超科学入門』『日本のニコラテスラ　ミスターカタカムナ』ほか、多数の著書がある。
著者のモットーは「目に見えないからと言って、それがないとは言えない」であり、サイエンスとスピリチュアルの両方に軸足を置き、物事の本質を見極めたいと考えている。ある時に神秘体験を通して植物と話ができるようになった異色のエッセイストであり、自らのエッセイをサイエンス・スピリチュアル・エッセイと言っている。

2025年4月発売!!

『やっとわかった
シュタイナーの本質
上巻 』
板野肯三著
ヒカルランド
2,300円＋税

『やっとつかめた
シュタイナーの本質
下巻』
板野肯三著
ヒカルランド
2,300円＋税

『シャウベルガーの
自然農法と水の神秘』
板野肯三著
長崎屋源右衛門末裔出版
1,700円＋税

足立育朗氏の書籍『波動の法則』、『足立育朗と語る』より

「水の本質」とは何か

『波動の法則』に基づいた、
足立育朗氏の書籍や講演会で「水の本質」について
語っていることを紹介させていただきながら、
自然の仕組み研究チームのメンバーより
「水」について体験したことや
観じていることをシェアさせていただきます。

文／自然の仕組み研究チーム

『波動の法則』
足立育朗 著
ナチュラルスピリット
1,864円＋税

現代地球文化がまず気づくべきこと

（書籍『波動の法則』より）

「水」というのはエネルギーであるということを、地球では本質的にはまだ理解できていません。

「本当の水」というのは「海の水」を意味します。宇宙の言葉でAQUA（アクア）といいます。

たとえば実験などで、「純粋な水」あるいは「超純水」という言い方をして、H_2Oと表していますが、電気分解をした水というのは、エネルギーを加えてしまうわけですから、本来の姿ではありません。

水の本質に気づこう

（書籍『足立育朗と語る』より）

この文化では「水」は物質だと思っているんですよ。「水」に分子があるということになってるんです。

全部そういう解釈をしてそういう説明をされていますね。良くない水、悪い水というのに対してこれは良い水ですというふうにして市販されているものがたくさんあるわけです。たとえば、水道の水を一例に挙げれば、消毒をするための薬が入って塩素が入っているからカルキの臭いが嫌だとか、それは消毒に必要だけど体にはあまり良くないだろうとか。さらには細かく調べると発癌物質が入ってるのもあるんだとかいろいろありますよね。

そうすると、発癌物質が入っているというそれ自体が見つかったら、それを取り除くと良い水になるという解釈をしてしまうわけです。そうやって作られているお水とか、あるいはどこの国でも基準が定められていて、いろいろな生水というもの

をどういうふうな安全な状態に処理をするというようなことがありますね。

そのときに「水」が何であるかということを私たちの文化は知らないで実際に水に対して対応していますから、良い水を作るためにたとえば良くない物質が入っていたらそれを取り除く。そのときに、その良くない物質を取り除くために化学薬品を使ったり、あるいは場合によったらフィルターをかけて除いてしまうわけですが、「水」は本質的には「エネルギー」だというのが宇宙からのメッセージです。

エネルギーと物質

（書籍『足立育朗と語る』より）

それはどういうことかといいますと、「水」というのは単体の原子が回転運動をしている集合体なんですよ。地球の科学では物質が回転運動するとエネルギーになるということに気づいてないんです。そしてエネルギーが回転運動すると物質になるということに気づいてないんです。自然の仕組みがそうなっているというのが宇宙からのメッセージですね。そうすると、よその星の調和の取れた星の方たちというのは物質が回転運動してエネルギーになり、エネルギーが回転運動して物質になるということを知っています。そういうエネルギーの段階が$10^{25\text{万}}$段階あるし、物質の段階が$10^{1\text{億}}$ぐらいあるということです。「水」というのは単体の原子、物質ですね。原子が回転運動をしていて、それがたとえば淡水だったら二四〇種類ぐらい、水道の水は二二〇種類ぐらいエネルギー化しています。

人間の血液というのは、たとえば三百八十何種類かの単体の原子がやはり回転運動して、それが移動しているからエネルギーなんです。血液というのは物質ではないんです。これも、たとえば地球の現代科学では物質だと思っています。宇宙からの情報では原子が回転運動してエネルギー化したものを地球のこの文化では液体といっているんです。液体というのは単体の原子が回転運動している状態なんですね。そういう状態の集まっているものが水だからエネルギーそのものなんです。

たとえば海水は五百四十何種類とか、淡水は二四〇種類ぐらいというふうになっていますが、ペットボトルの単体の原子がどのくらいの数になっているかというと、これが驚いたことに二〇種類前後になってしまっているんですよ。少ないのは一〇種類とか、ゾッとするようなものもあります。種類ものすごく限定された種類になってしまっているんです。

現代地球文化と水

（書籍『足立育朗と語る』より）

宇宙からのメッセージでは地球の文化は現在、同時多発全地域に危険な状態が、刻々とたしかに迫ってしまっているという。そのひとつの例は水ひとつ取ってもそれなんです。

人間の体は御存知のように七〇％ぐらいがお水でしょう。そのお水というのはエネルギーなわけです。人間の血液は単体の原子が約二四〇種類回転してエネルギー化している水にさらに違う種類の単体の原子が回転運動しているものが加わって三百八十何種類という組み合わせでエネルギーが移動しているわけです。

ですから、回転しているものが遅くなってしまうとどうなるかというと、要するに、遅くなるということは原子がだんだん手を繋ぎ出して分子化していくということなんですよ。地球でいう「分子化」するというのは物質化していくんです。これは血液の流れが悪くなるんです。だから、静脈瘤ができるとか動脈硬化が起きているとかという、そういう医学用語は、エネルギーである血液のひとつひとつの原子が回転運動しているものがだんだん遅くなったりちぎれて回転の仕方が変わってしまったりとか、その回転半径が挟まり、速度が遅くなるというように、単体の原子が予定通りに働いていないというときに初めて物質化していってしまうんですね。エネルギー化ではなくて。そうすると血液が固まっていくということが起きるわけです。

H_2Oというのは要するに水素と酸素の原子だけが回転運動している状態で液体化しているものを地球では水の一番純水なものだという言い方をしてしまうんですけれど、これは酸化二水素が液体になっているだけなんですよ。そう解釈しないとお水の本質がわからないんです。だから純水というのは危険なんです。人間の体を構成するのに単体の原子の数が全く不足してしまうんですから。

自然の法則では、中性子・陽子・電子を正常化する働きがある

（書籍『波動の法則』より）

川の流れや滝のようなものは、中性子・電子を正常化するようにできているようです。歪んでいるものが正常化するような働きとして、川の流れは大事な役割をしているようです。海の波なども、歪んだ陽子を正常化するような働きをしているようです。

『足立育朗と語る』
森 眞由美 編著
PHP研究所
1,429円＋税

【DVD】2014年足立育朗講演会
波動の法則　現実への実践報告
DVD（二枚組）
（2014年）
6,000円+税

※２０１４年の足立育朗講演録にも「水」についていろいろお話されています。詳しいことは、講演録をご参考ください。

自然の仕組み研究チームより

Aさんの感想

今回のテーマの「水」は、奥が深く限られたページ数の中で表現をすることの難しさを感じました。

本来の姿の水に甦るようにＦＡＬＦ（ファルフ）※1という装置を扱わせていただくお仕事をさせていただいておりますが、その装置を扱う人間の意識が大きく関与することを体験させていただいております。

（※1　ＦＡＬＦ（ファルフ）：甦生化装置。人間はもとより、動物さん、植物さん、鉱物さん、微生物さん、自然界全体に迷惑がかからないように、調和のとれたお水の振動波に変換できるＦＡＬＦを生み出している。）

Bさんの感想

地球環境が整うために近所の川をFALFで調整しようとしたことが、随分前にありました。その時、直観的に「この汚染された川の振動波を、学ぶために必要とされている人たちがたくさんいるから、今調整するのは自然の法則に反している」と観じました。まずは自分が学ばせていただいて、その振動波が自然と周囲の鉱物さんの植物さん動物さん人間さん微生物さんたちに伝わることが基本なんだなと思いました。

Cさんの体験

うちの飲料水は井戸の水です。井戸水を汲み上げるポンプの配管にFALF（DUHMO（ドゥーモ）※2）を設置し水の調和への調整をしていただいています。

設置したきっかけは、DUHMOを設置することで、自分の家の水が良くなって、それを飲んで、自分自身もそうですが、その水で洗い物して流れていけば、地域の川が良くなって、それが流れ着いた海が良くなって、蒸発して雲や雨が良くなってって、さらに進んでいけば、環境に、地球にとって、少しでも改善に繋がるといいなと思ってスタートしました。ただし、体感的にDUHMOが水にどう作用しているのかはよくわかっていませんでした。敏感な方は飲んでわかるかもしれませんが、私は鈍感なのか、なかなかわかりませんでした。

そんな折、その井戸水のことで、ある体験がありました。私の家の周囲は、昔からの農家さんが多い地域で、いろんな家に井戸があります。それなので、どこの家でも井戸水を飲料水で使っているのだと勝手に思っていました。ところが、ある時、義母が周りの家の人たちに聞いたところ、「どうやら井戸水を飲用として飲めているのはうちだけらしいよ」と言うんです。近所の家の井戸は、町が来て水質検査をすると飲用不可になってしまうと。みんなだから農業用とか何かで、外で使うには構わないけど、飲んではダメですよと。

しかし、うちだけ飲料可なんです。私たちはそれを全く知りませんでした。他の家も飲んでると思っていたんです。近所でDUHMOにお世話になっているのはわが家だけで、そのわが家だけ井戸水さんを飲める状況になっている。それを知った時には、本当に驚きましたし、そういう状況をずっと作ってくれていたDUHMOに、それまで作用し続けていてくれたことに全く気付いてもいなくて、本当に申し訳ないと思いました。

（※2　DUHMO（ドゥーモ）：水・電気・ガスの調和への協力の役割する甦生化装置）

Dさんが「水」から観じたこと

「水」と意識すると、「産湯を使う」「死に水」「神社の参詣の際の手水」「地鎮祭」「三途の川」「トイレ」「洗濯」「お風呂」等々、浮かんできました。生きる過程のある共通するタイミングでお世話になっているのかなと。しかも私たちの身体を構成する要素の大きなひとつでもあり、水は私たちそのものといっても過言ではないのかもしれません。

宇宙から地球を見ると、海の青色が丸く光って見えるそうですが、地球の表面積の7割を占めるのは海水。今、問題となっているさまざまな原因による海水汚染は、私たちの生き方を映し出し、そこに今から私たち人間がどう地球上で生きるのかを、鑑みさせてくれているのかもしれません。

水と私たち人間には、表面では語り尽くせない深淵な関係がありそうです。

水に意志と意識を込めれば、体に良い水は自分で作れる！

ナガヤメディカルクリニック院長
永谷信之

**水の周波数を整えることが健康に繋がる——
ナガヤメディカルクリニックでは、独自の PRA 装置を使い、
個々の患者に適した「処方水」を作り、治療を実践。
水の持つ意志とエネルギーを活用し、癌治療にも応用しています。
さらに意識を向けるだけで水の性質が変わるという驚きの実験結果も。**

取材・文／河越梨江

良い水の定義と東京都の水道水

——永谷先生が考える「体に良い水」とは、どのような水ですか？

私が思う〝良い水〟とは、周波数が整っているということです。そこで、私が水を使う際は、陽子・中性子・電子の周波数が整っているかを調べます。調べてみると、東京都の水道水は最も悪い状態であることがわかりました。患者さんにお見せするんですが、陽子・中性子・電子が大きく歪んでいます。これは水そのものの問題というより、地球の汚染が影響していると考えます。

つまり、人類の顕在意識（自我のエゴ＝EGHO）が土壌など環境を乱し、その結果が水に反映されているのです。地方の水は調べていないのでわかりませんが、ほぼ一般的な日本の水道水に関しては、あまり良い状態ではないと思います。

PRA装置による処方水の作成と治療法

——先生はPRAという機械を使って処方水を作り、患者さんはその処方水を飲むという治療をされていますが、改めてPRA装置について説明していただけますか？

PRA装置は、すべての物質が周波数で構成されているという考えに基づき、共鳴と非共鳴を利用して判断する装置です。

この装置では、共鳴と非共鳴のレベルを44段階で判定します。患者さんのデータは、本人が直接装置に触れてデータを取る方法が最も正確ですが、髪の毛や爪、名前（文字でも読み込めることを中村國衞先生が証明されています）でも読み込むことは可能で、PRAの中にあるデータと照らし合わせて、共鳴・非共鳴を読み取ります。

足立育朗氏にいつも言われているのは、「病気の本質を見てください」ということなのですが、本質ってなんだろう？　と、まだハッキリ全体像がわかってはいないのですが、フゲーエキン（FUGEHEKIN）さんというのが重要な役割をしているんだというのはわかってきました。

ＰＲＡの中にある『波動の法則』の情報は、ほとんど自分で入れたもので、こういう情報を入れながら、患者さんには、一般的な癌のエネルギーやその原因、癌が進行する過程について説明しながら、最終的にはフゲーエキンの話までしています。

さらに西洋医学的な癌に関する情報も読み込むようにしていますが、これが正しい方法かどうかはまだわかりません。

しかし足立幸子さんの著書『あるがままに生きる』の中で、「聞こえたり、知ってしまったことはすべて、出来ないものはない」と述べられているように、得た情報は治療に役立てようとしています。

治療はまだ完成形ではありませんが、宇宙からのメッセージを通して、自然の法則に適った医療を目指しています。挫折しそうになることもありますが、回復していく患者さんの姿に勇気をいただきながら続けています。

しかし、一方で改善しない患者さんもいらっしゃるため、なぜそうなのかを私に降ろしてくださる宇宙からのメッセージを基に追究しています。

ＰＲＡによると、癌患者さんのすべての方にエプスタイン・バーウイルスが陽性であり、このウイルスが癌の原因の一つとされています。

エプスタイン・バーウイルスについては書籍『メディカル・ミディアム』にも詳しく書かれており、その情報も高次元のメッセージから来ているため、基本的には似たようなことがあるのではないかと考えています。

また、足立育朗氏は、「ウイルスを作ってきたのは人類でしょう？　顕在意識が時代とともに強くなり過ぎてきたために、人類五千年の歴史の中の途中から陽子が歪んでウイルスが生まれ、それは顕在意識が作っているんですよ」と指摘しています。

ウイルスは人類に自分たちのエゴに気づきなさいと言っているんだけど、人類は、ただ、そのウイルスを排除することしか考えていない。それでは問題解決にならないんです。エプスタイン・バーウイルスやサイトメガロウイルスを始めとするウイルスが体内に残り続ける限り、人類がそのエゴに気づかなければ、根本的な解決にはならないと思っています。

単にウイルスを取り除くだけではなく、患者さんが自らのエゴ（EGHO）を認識し、内面的な変化を遂げることが重要だと感じています。

ウイルスや病気は、単なる身体的な問題にとどまらず、深い精神的な意味を持つことを理解し、それに基づいて治療を行うことがより効果的なアプローチだと考えています。

――ナガヤメディカルクリニックでは、患者さんに必要な情報（周波数）を転写した水を飲むだけですか？

患者さんに合わせた処方水を飲むことで、その水が体内の周波数を正常に保つ手助けをします。一般的な健康食品は2カ月使えるといわれていますが、癌の場合は慎重に対応し、45日という期限を設けています。処方水は電磁波対策としてアルミホイルで包み、冷蔵庫で保存していただきます。

遠方から来られない患者さんにも対応でき、髪の毛や爪を使いPRAで情報を取り処方水を作成します。

しかし、できれば一度直接お会いすべきと思っています。患者さんの状態をより深く理解し、最適な治療を提供するためには、実際にお話しすることが重要だと考えています。

患者さんへのアドバイスと食事の重要性

――治療する中で飲み物や食べ物に関して、患者さんに伝えていることはありますか？

消化管に負担がかかるもの（たとえばお肉とか）は控えめに、あと野菜果物はたくさん摂ってくださいとお伝えしています。最近はどんな食べ物も周波数が乱れているので、自分の体の中で正常化することが大切です。サプリや点滴よりも、実際に植物を摂ることをお勧めしています。

アンソニーさんの『メディカル・ミディアム』シリーズから食に関することを学ばせていただきましたが、植物が持つエネルギーを直接摂ることが本当に体に良いと感じています。

西洋医学からの見地と宇宙からのメッセージには乖離があり、そこから教わることも多く、何が体に良いのかというのは難しいのですが、基本は〝直感〟だと思います。「これ食べたい」と思ったら、それは体が必要としているものなんですよね。

『メディカル・ミディアム』シリーズの「人生を変える食べ物」（左）と「セロリジュース」（右）。

――アンソニーさんの本を読まれたということですが、特に印象的だった部分はありますか？

『メディカル・ミディアム―セロリジュース』はいいなと思いました。セロリジュースには体内の蓄積物や重金属、ウイルスなどを分解・排泄してくれる効果があると感じました。病気の原因と自然の法則には共通点があり、セロリジュースを摂取することは人類にとって有益だと思います。実際に毎朝私も飲んでいるのですが、宿便がなくなっている実感があり、体調がとても良くなってきました。

また消化器が健康になると、体調も良くなってきますね。睡眠の質も良くなり、集中力も上がっているように感じます。当院のガン患者さんにもご紹介しています。ただ、セロリに関しては購入が難しいので、何かいい方法がないか思案しているところです。

水の周波数を整える方法

――できたら周波数が整った水を飲みたいのですが、自分で判断する方法はありますか？

先述のように体に良い水とは、単に産地や種類に関係なく、陽子・中性子・電子の周波数が整っている水のことです。実際、自分で水に対して意識的にお願いをすることで、その周波数を整えることができるのです。

では、ここで一つ、実験をお見せしましょう。

（永谷先生が汲んだ水道水入りグラスをPRA装置に置いてデータを確認したところ、周波数は陽子・中性子・電子とすべて「マイナス

21」と表示）
「じゃあ、河越さん。この水に『整ったお水にしてください。きれいなお水にしてください。愛してるよ』と、なんでもいいのでお願いをしてみてください」
（私は、そのグラスを両手で包み、整ったお水にしてください。きれいなお水にしてください。愛してます。と心の中でお願いしてみました）

すると、願掛けしたその水を先生が再びPRA装置に載せてデータを再確認したところ、陽子・中性子・電子の周波数がすべて「プラス21」に！　こういうことが起こるんです。

この現象からわかるのは、陽子は意志で中性子は意識ですから、水にも意志と意識があるということです。別にどこのどんな水でもいいんです。意識的に水にお願いすることで、水の周波数を整えることができるのです。実際にこうしたことが起こることがわかってくれば、みなさんもご自身で水の周波数を整えて飲めるんです。この原理は飲料水だけでなく、お風呂の水にも適用できます。

水にお願いしないと効果が発揮されません。このように周波数を整えるということは、物理的に何かをするだけではなく、意識的にそのエネルギーを働かせることが大切だとわかってきました。

水は意志と意識を持ち、エネルギー体として使えることを踏まえ、当院では周波数の整った水に大切な情報を全部入れ込んで処方水を作っています。患者さんはその水を飲むことで、体の周波数の歪みを正常化してくれるのです。カルキを抜くために丸一日かかりますが、わざわざ高価な水を買わなくても、誰でも簡単に良い水を作ることが可能です。実際、何もしない水とお願いした水を飲み比べると味が違いますよ。お願いした水はまろやかになっているので、ぜひ、読者のみなさんも実践し、体感してみてください。

願掛けしたお水を再びPRA装置に置いてデータを再確認する永谷先生。

永谷信之（ながや・のぶゆき）
ナガヤメディカルクリニック院長。千葉大学工学部を卒業し印刷会社に2年勤務したのち、医師を志し、転職した異色の経歴を持つ。クリニックを訪れる患者のほとんどは、がん宣告を受けた人たちで、余命宣告を受けた人も少なくない。前田華郎先生のマイクロ波を使った「がん活性消滅療法Cancer Energy Annihilation Therapy」略してCEAT（シート）と、足立育朗先生の『波動の法則』の情報を元につくられたPRA（Psychogalvanic Reflex Analyser／精神電流反射分析装置）を駆使し、観えないものを捉え、患者によりそいながら、病気からのメッセージを通してご自身の本質に気づいてもらうサポートを行っている。趣味は、ゴルフと筋トレ。
※診察をご希望の方は直接クリニックにご連絡ください。

水に守られてきた 日本の奇跡と危機

いくつもの偶然が重なって生まれた日本の豊かな自然や食の恵みは、
陸の森と海の森の繋がりと豊富な水資源にルーツがありました。
しかし、その奇跡の連鎖に危機が！　今こそ必要なこととは……。

取材・文／中村いづみ（人と人と地球を結ぶフリーライター）

日本の食文化の魅力は 水からの贈り物だった

豊富な食材に恵まれる日本には、多様な食文化の歴史があります。その土地だからこそ味わえるソウルフードは海外からの旅行客にも大人気。食を目的にした旅の企画がヒットしています。

その食の恵みは、陸の森と海の森が鍵を握っていました。

日本の国土の68％は森林に覆われ、国土面積に占める森林の割合はなんと世界第2位です。そのことが、日本の国の形と豊かな命を守ることに繋がっていました。その仕組みを一つひとつ再確認してみたいと思います。

陸の森では、落ち葉や枯れ枝がゆっくり分解されて腐葉土や腐食物質になります。それがスポンジのような状態になって雨水を保ち緑のダムの働きをしてくれます。結果として、急な水や土砂の流出や崩壊を防ぎ、森から川から海までの生命を守り、多くの動植物に必要な水やミネラルを届けてくれます。この森のダムとしての機能は、利根川上流域の森林では、人工的に造られたダムによる有効貯水量の10倍にのぼるほどという指摘があります。

こういった大切な働きをする陸の森を育てたのは、豊富な水資源です。日本の年間降水量は、世界平均の約2倍で世界第4位です。

日本に多くの雨や雪が降る理由は主に3つあります。1つ目は、太平洋の水蒸気。これが日本にたくさんの雨を降らせます。2つ目は日本列島の中央にある山脈や山地のおかげです。冬にシベリアからくる冷たく乾燥した北風は、対馬海流の温かい海水からの水蒸気を得て大量の雲をつくり、奥羽山脈や北アルプスなどの列島の山にぶつかって日本海側に大量の雪を降らせます。3つ目はヒマラヤ山脈やチベット高原の存在です。西から東に向かって吹く偏西風が、ヒマラヤ山脈やチベット高原にぶつかり、インド洋の水蒸気を日本に運び梅雨の降水量の約半分をもたらします。

このように奇跡的な自然の偶然

宮崎県綾町の日本最大級の照葉樹林。元町長の郷田實さんが「この森を切るなら自分を切ってからにしろ」と言って森を守り、町を有機農業の町に変えた。森の保水力が川の水をゆっくり運ぶ。郷田さんは、たくさん雨が降っても森の麓に流れる川に大きな変化はないと語った。

が重なって水に育まれたのが陸の森でした。一方で、海の森も陸の森がないと現状維持は不可能です。

陸の森が消えると海の森も消える理由

三重県度会郡島津村（現在島津村）は、明治43年の火災で森林が荒廃してしまいました。すると、雨で赤土が流れ出し、沿岸で獲れていた海藻、エビ、アワビも回遊魚のブリも姿を消してしまいました。しかし、昭和7年以降に行われた「植林」によって海の幸が育ちブリも戻ってきた歴史がありました。

また、島根県簸川郡《ひかわぐん》北浜村（現在の北浜村）は、江戸時代まで森林が保護され、出雲浦一帯で屈指の漁場でしたが、明治時代に森林が伐採され、漁業は衰退していきました。その後、１９１８年に「魚付き保安林」になり青年団の「保護活動」で森林が回復。漁業も復活しました。

このように陸の森が、海の恵みをもたらすことは昔から知られ、魚付き林と呼ばれてきました。

なぜ、陸の森が保護されると海に魚が戻ってくるのでしょうか。理由を突き止めたのは、松永勝彦理学博士です。海の魚のエサになる植物プランクトンや海藻は、二酸化炭素と太陽の光で光合成をして成長しますが、窒素やリン、ケイ素などのミネラルも必要です。これらのミネラルを取り込むのには鉄が必要になります。

しかし、海水には鉄が少なく、陸の森の腐植物質に含まれる鉄分こそが海水への供給源だということなのです。それは腐食物質に含まれるフルボ酸が鉄と結び付いてできるフルボ酸鉄です。フルボ酸鉄は、安定した状態で川から海へ運ばれるので、海のプランクトンや海藻が鉄を利用できます。

すると、プランクトンや海藻は繁殖し、それを食べる貝類や小魚が増え、それを食べる大きな魚が増えて、豊かな海になるというわけです

注ぎ込む川の数が多い湾には川からフルボ酸鉄がたくさん運ばれてくるので海藻が育ち、生き物が豊かです。

また、海の生物の7割は沿岸に生息していますが、それも川から海に運ばれた鉄が沿岸に豊富なことが影響します。ちょうど龍の形のような日本の国は南北に細長く、海岸線は約３万５千５５８kmと世界第6位の長さです。つまり沿岸域の面積もそれだけ広くなり、豊富な海資源をもたらしています。

再エネ開発で山火事リスク壊れていく陸の森と海の森

このように日本に宝をもたらしてきた陸の森と海の森に危機が起きています。

陸の森は、戦後の植林で緑が増えたものの、その後安価な輸入材が使われるようになり国内林業が衰退。そのため間伐などの手入れが滞り荒れた森が増え、それが森林の崩壊と土砂災害が増える原因も作っています。陸の森が荒廃すれば海の森も荒廃します。

最近ではメガソーラーや巨大風車など再生エネルギー（再エネ）開発によって、広大な森が伐採されています。その無残な姿がＳＮＳなどでも拡散されるようになりました。

現在進行形の計画の一つである、宮城県仙台市秋保の６００ha＝東京ドーム１２７個分の日本最大級のメガソーラー建設は、２０２７年5月に着工予定ですが、それに伴う大規模な森林伐採は、土砂崩れ、鉄砲水、洪水を招くリスクと、森、川、海の多様な生き物の命を奪う可能性があります。

また、メガソーラーで発生した火

災は、感電の恐れから稼働時は消化活動ができないため、「山火事を増やす」リスクにも繋がります。このような計画が全国各地で起こり問題になっています。

　さらに、再エネ開発の促進にも繋がる制度改正の動きも進められていました。資源エネルギー庁の第7次エネルギー基本計画案で、2040年までに再エネ比率を主力電源にしていく上で、陸上風力発電についての項目に、「保安林の解除に係る事務を迅速に実施する」と記されたのです。「保安林」は現在、林野庁によって16の目的で指定されています。その目的の一つがすでに触れた「魚付き林」です。

　そのほか「林地崩壊、土砂流出防止」「洪水緩和と各種用水の確保」「水害や風害の防止や軽減」「なだれや落石、防火、防雪、防霧」「干害防備」など、人命や気候変動緩和にも関係する目的も保安林にはあります。要するに、保安林が解除されてしまったら大変なことが起きる可能性があります。

　この「保安林解除の迅速化」の文言を削除するように、全国再エネ問題連絡会が緊急声明を出し68の団体が賛同しました。多数のパブリックコメントも同庁に提出され、2025年2月18日に閣議決定された第7次エネルギー基本計画では、「保安林解除の迅速化」の文言は削除され、「国土保全及び環境保全の観点を前提としつつ、保安林について、ポジティブゾーニング推進の方向性を踏まえた対応を進める」の文言が加わりました。市民の力で阻止することができました。

異変！日本の海に危機
日本の宝を守る活動

　近年、海の環境が異常な変化を見せていることが、食材の不安定な供給に影響を与えています。

　たとえば、12月頃に脂がのっておいしい寒ブリは日本海が有名ですが、今は北海道が漁獲高トップの座に。千葉県では10年前まで釣れなかったキンメダイが捕獲され、それまで日本一だったイセエビ漁場からエビがいなくなるなど、南方に生息する生き物が北上しているニュースがよく聞かれるようになりました。今年は特にその傾向が顕著です。

　東京都内のある自然食品店では、「牡蠣の油づけ」が年の瀬の人気商品として知られていますが、昨年は広島からの生牡蠣を仕入れることができず、約2カ月遅れの今年2月にようやく手に入れることができました。牡蠣の成育が遅れたためで、これはこれまでには見られなかった異常な事態です。問屋街では「今年は異常」という声がよく聞かれ、「これが続くのかもしれない」という懸念も広がっているそうです。その原因は海水温の上昇と考えられます。

　神奈川県金沢漁港で、横浜市漁業協同組合金沢支所と昆布の養殖を行うNPOアジア環境整備機構の佐藤泰夫理事長によれば、海藻が育つのに適した海水温は18度以下ですが、近年は温暖化が影響し、種付け時期が遅れ、最盛期で7tの収穫があったのが、最近ではわずか2tしか獲れない状況です

【佐賀でも】

今年の海苔網。張り込んで10日後の様子。その後、さらに色落ちが進んでしまったそうだ。

【神奈川でも】

今年の昆布の収穫は昨年比で6割ほど。成長が悪く大きさにばらつきが見られ、まったく生育していないロープもあった。

①②長崎県壱岐の島の美しい藻場の様子。①はホンダワラの仲間で「トゲモク」という海藻。②は波あたりの良い水のきれいなところで育つ「スガモ」。③神奈川県江の浦の良好な藻場に生息する、ホンダワラの仲間で「エンドウモク」と呼ばれる海藻。④和歌山県由良町にあるホンダワラの藻場で、ムツの稚魚が群れている。
（写真提供：株式会社渋谷潜水工業）

（前ページ写真左参照）。

佐藤さんが始めた昆布の養殖は、炭酸ガスを吸収し酸素を供給するブルーカーボンとしての役割に注目したものですが、海の温暖化が進むと、海藻や海草の成育が悪くなり、それが炭酸ガスの吸収源となる海藻の減少を招き、さらなる温暖化を引き起こす悪循環が生まれます。海藻や海草が減少すると、それらエサとするプランクトンや魚が減るため、最終的に海の生物が激減していく可能性もあります。佐藤さんは「やり続けることが大切」と前向きに語っています。

佐賀県のある海苔漁師さんは、昨年の初海苔漁から年明けの後期収穫に至るまでの間、収穫できないという深刻な状況に直面しました（前ページ写真右参照）。例年は美味しい海苔が収穫されていました。有明海全体で海苔の不作が3年連続で続いています。

また、海の環境について早くから異変に気づき、森の海＝藻場（※）の減少に危機感を抱いて15年以上前からその改善に取り組んできたプロ・ダイバーの渋谷正信さんによれば、藻場は海の食物連鎖において重要な役割を果たし、大きな魚が小魚を、小魚がプランクトンを食べるという循環を支えています。

しかし、1990年代には開発などにより1960年代に比べ面積の7割が減少。そこに海水温の上昇が拍車をかけ、ウニや魚なども季節を問わずに海藻を食べるようになり、海の砂漠化が進む恐れがあります。そのため、藻場の再生が急務となっています。

渋谷さんは国内外で藻場の再生活動を行っており、その活動は自治体や研究機関からも注目され、共同事業や研究が行われています。「ここぞ！　という時には自費でも行きます」と自ら語るように、採算を問わず長期的な調査で海に寄り添い続けています。

私たち一人ひとりにできることは、陸と海の森を守る活動に参加することや、消費活動を見直すことなど。再生可能エネルギーの推進が大切に見えますが、実は温暖化は縄文時代にもあり、今よりも海が陸の内部まで広がっていたこともありました。重要なのは、「陸と海の森を守って日本の奇跡的な繋がりを次世代に引き継いでいくことではないでしょうか」

※藻場の役割り
①産卵や稚魚などの成育の場。
②多様な生物の保全。
③炭酸ガスの吸収。
④酸素の供給。
⑤水中の有機物を分解し海水を浄化。
⑥海岸線の保全（波浪の抑制と底質の安定）。

■参考資料
『システムとしての森〜川〜海』長崎福三 著（農文協）
『漁師が山に木を植える理由』松永勝彦、畠山重篤 著（成星出版）
NHKスペシャル　日本列島　奇跡の大自然　第1集「森」、第2集「海」
全国再エネ問題連絡会のサイト
林野庁、資源エネルギー庁のサイト

「水」と「気候変動」から見る世界史
～世界史を知り、個の力を鍛える！～

世界史教育研究家 Chelsy

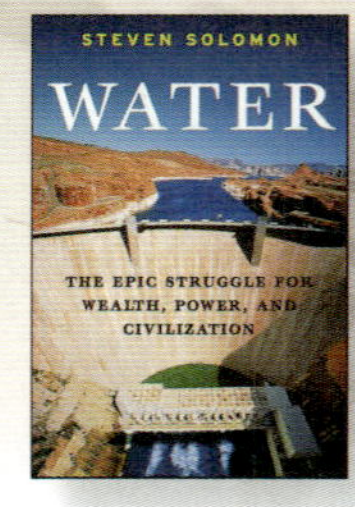

世界史で見過ごされがちだった自然と歴史との関係。この見方を獲得することで、「地球人」として歴史を捉え、さらには「個の力」を手に入れることができるようになるだろう。今回は、「水」と「気候変動」という二つの側面から世界史を読み解いてみたい。

文／Chelsy

「多すぎる水（洪水）」と「少なすぎる水（干ばつ）」

2025年1月21日。国際総合山岳開発センター（ICIMOD）のペマ・ギャムツォ事務局長が、「ヒンドゥー・クシュ・ヒマラヤの氷河融解と水問題への取り組み：地域協力のための科学外交アプローチ」（※1）という「国際氷河保全年2025」の立ち上げ・公式サイドイベントにおいて、気候変動がもたらす水の安全保障の課題を大きく取り上げた。「多すぎる水（洪水）」と「少なすぎる水（干ばつ）」の二側面に分類した上で、特にヒンドゥー・クシュ・ヒマラヤ（HKH）地域への影響について、その切迫する状況を訴えたのである。

認定NPO法人日本水フォーラムによると、HKH地域には、ガンジス川、ブラマプトラ川、インダス川などを支える重要な氷河システムがあり、15億人以上の人々の生活を支えている。しかし、気候変動と氷河融解の加速化、極端な水災害の増加は、水の安全保障、生態系、地域の安定に深刻なリスクをもたらしており、課題に対処するためには国境を越えた協力が必要である、とのことだ。というのも、この地域は先述のようにアジアの主要河川の水源であるにもかかわらず、その多くの支流が枯渇しつつあるという現実に直面しているからである。

このエリア以外についても2024年を振り返ってみると、降雨量が多すぎて災害となった地域と、酷い干ばつに襲われた地域のニュースが記憶に新しい。たとえば国際移住機関（IOM）は、アフガニスタンで2014年に人口の約5分の1に当たる900万人弱が気候変動に伴う災害の影響を受けたとする報告書を公表している。一方で南米は、2024年は40年で最悪の干ばつ危機に襲われたという。

ICIMODの報告書の課題の中に「気温上昇と降雪現象が水不足や極端な洪水を悪化」させるという項目があるように、気候変動が進むと、こういった側面での二極化がますます進むという見方をする専門家は多い。水問題に関して、国際レベルでうまく連携・対応できなければ人類文明の危機といえるだろう。「地球の」ではなく、あくまで「人類文明の」であるが。

ちなみに私は、温暖化しているかどうかはともかく、昨今の気候変動は、地球の水バランスが崩れたことによるものだと考えている。

水を支配するものが、世界（史）を牛耳る

「人類の歴史は、どの時代においても水の問題にどう対応するかの歴史だった」とは、ワシントンD.C.のジャーナリストであるスティーブン・ソロモンの『水が世界を支配する』（原典：〝WAT

※1 "Tracking Glacial Melt and Water Challenges in the Hindu Kush Himalaya : A Science Diplomacy Approach for Regional Cooperation"

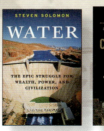

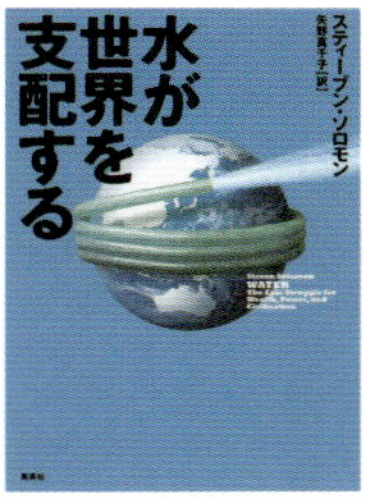

『水が世界を支配する』
スティーブン・ソロモン 著
矢野真千子 訳
集英社
2,000円＋税

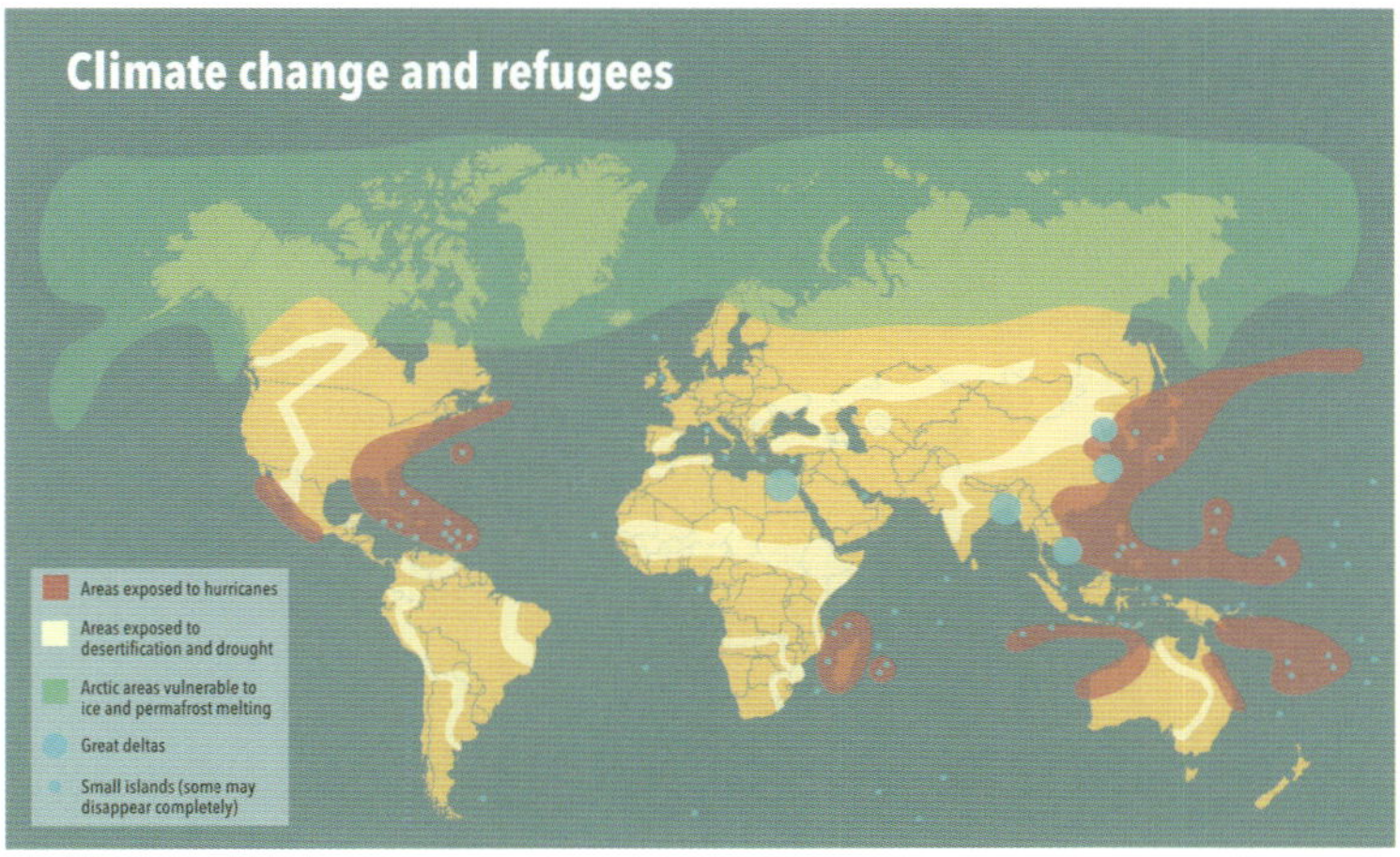

ハリケーン・台風・サイクロン地帯
砂漠化・干ばつの影響を受ける地域
氷河・永久凍土の融解に脆弱な地域
大デルタ地帯
消滅可能性のある島々

ER〟）の中に出てくる言葉だ。ソロモンは、『地中海』（博士論文『フェリペ2世時代の地中海と地中海時代』）などで歴史学に大変革を起こした、20世紀最大の歴史家の一人とされるフェルナン・ブローデルの「水は自然界のあらゆる現象を左右する。だが、意外に知られていないことだが、水は人類の運命をも左右してきたのである」という言葉を取り上げ、さらに「どんな時代でも、優位に立つ社会は劣位の側にある社会よりも、水資源を有効に使っていた。あるいは、より大きな水の供給を生み出していた」という。

　優位に立つ社会と劣位の側の社会の差はますます広まるばかりで、昨今の文明生活において、もはや欠かせないであろう半導体も、水がないと始まらない。

　三菱ケミカルアクア・ソリューションズ株式会社のホームページに、「半導体製造工程の3割以上を占める洗浄工程には、不純物を極限まで除去した『超純水』が使用されています。そのため超純水を安定して確保することは、半導体製造においてとても重要です」と書かれている。超純水は工業用水などを膜や樹脂を使って浄化し、イオンや微粒子などの不純物を極限まで減らした水だ。不純物は東京ドーム一杯の超純水にわずか角砂糖1個分。先端半導体の工場ではこの超純水を1時間当たり1000トン近く使うという。

　現代の文明社会とは、こういったとてつもない技術力の上に成り立つものであって、そもそも水の確保すらままならないようでは、当然ながら優位に立つことはできそうもない。繰り返しになるが、ソロモンのいう「どんな時代でも、優位に立つ社会は劣位の側にある社会よりも、水資源を有効に使っていた」というのは、今も昔も変わっていないということだ。

　ソロモンは、さらにこう述べる。「世界史ではとかく見過ごされがちなのだが、産業革命以降に社会が飛躍的に成長したのは、豊富な水を安価に使えるようになったからなのだ。」こういった視点は、従来、教育の場ではあまり注目されてこなかった。高校や講座、塾などで世界史教育に携わる中、気になっていたのがまさにこういった視点の欠如で、その国が、帝国が、エリアがなぜそのタイミングで栄え、また衰退したのかという理由はあまり重視されてこなかったように思う。盛衰の要因は一つだけではないにせよ、自然環境はかなりのウェイトを占めており、その見方を獲得することで視野を広げ、「地球人」として歴史を捉えることも可能になるだろう。

　そこで、ここからは、自然環境の中でも気候変動が引き起こしたある光と影のエピソードを、世界史から取り上げたい。

生き残った者たち・生き残れなかった者たち

14世紀から始まった世界中の寒冷化。その傾向は大西洋でいち早く現れていた。流氷が増え始めたのだ。1150年頃から増え始め、1240年頃から急増したとされる。その後さらに増え続け、北欧とグリーンランドを結ぶ航路の交易船の渡航回数が減少した。グリーンランドには、紀元1000年頃からヴァイキングが居住していたことが確かめられており、東西二カ所の定住地には、ピーク時には合わせて3~5千人が居住していたとされる。定住者はヨーロッパ側にセイウチの牙、羊、アザラシ、乾燥タラなどを輸出し、ヨーロッパ（ノルウェーやアイスランド）からは、船舶の建造に必要な木材や鉄製品の輸入を行っており、アイスランドからの交易船は毎年運行されていた。だが、1368年にノルウェー王がグリーンランド東部植民地に送った国王船が沈没してしまったのを最後に、両国間の正式な交易は途絶えてしまった。その後も数回の渡航はあったものの、これらは国からの勅許を得たものではなく、実際は海外物資に困窮した移民者たちの足もとを見た悪徳商人によるものだったとのことだ。

交易船が途絶えた後の植民地の惨劇は凄まじいものだったとされ、そこに住むヴァイキングたちは栄養不良でどんどん小さくなり、最終的には30歳を超えるのも難しくなってしまった。そして1500年頃には滅亡したらしい。1721年にノルウェー人宣教師が宗教的目的のためにグリーンランドを訪問したところ、崩れた教会の壁だけが残っていたという。このときにこの宣教師を案内したのは、この地に住むイヌイット。そもそもグリーンランドにはヴァイキングの入植者だけが住んでいたわけではない。イヌイットもその地に長く暮らしていた。だが、ヴァイキングたちの悲惨な結末とは異なり、イヌイットはその凄まじい寒冷化を生き延びたのだ。だが、どうやって？

グリーンランドのノース人（北欧に住んでいた古代スカンディナヴィアの人々を呼ぶ名称で、北の人という意味）による西植民地の研究で知られるコロラド大学のL.K.Barlowはその論文（※2）の中でこう述べる。「西部開拓地のノース人たちをフィヨルド内の牧草地に閉じ込めたのは、経済的、政治的、イデオロギー的な構造だった。イヌイットによるイノベーションを抑圧したのは、環境要因ではなくイデオロギー的かつ政治的なものだった。」どういうことか。

迫りくる凄まじい寒冷化の中、イヌイットはトグル式の銛や氷上狩猟技術を生み出し、また、石造りの家を捨て氷上のドームに住むようになった。環境に適応していったのだろう。それに対しヴァイキングは古来のヨーロッパ式の生活を捨てられず、環境に合わない牛を育て続け、石の家に住み、イヌイットたちの技術を拒絶し滅亡してしまったのだという。ヴァイキングとしての誇りを捨て去ることができなかったのか――両者の行き着いたところは対照的ともいえるものだった。

イヌイットの雪の家、イグルー

※2 “Interdisciplinary investigations of the end of the Norse Western Settlement in Greenland”

歴史を知り、個の力(演じる力)を鍛えまくる

気候変動についての多くの著書で知られるブライアン・フェイガンの『Climate Chaos』(未邦訳)の中に、次のような文章が出てくる。「長期的または短期的な気候変動は、古代文明が崩壊する〝原因〟とはけっしてならなかった。むしろ気候変動は、厳格なイデオロギーで視野が狭められた権威主義的リーダーシップ制の社会において、生態学的、経済的、政治的、そして社会的脆弱性の危険レベルを助長する重要な役割を担った。」

言い換えるならば、気候変動そのものによって滅んだのではなく、環境・状況が変わり始めたにもかかわらず、既存のシステムにしがみつこうとするがゆえに滅びに向かったということだ。数千年の歴史を紐解きつつ、フェイガンはこの著書の中でそれを明らかにしていく。

イギリスの代表的歴史家アーノルド・J・トインビーもまた、「文明は外部における自然・人間環境と創造的な指導者の二つの条件によって発生し、気候変動や自然環境、戦争、民族移動、人口増大といった挑戦に応戦しながら成長する」と述べた上で、このように言う。すなわち、文明は非常に困難な一連の課題に対応して、「創造的な少数派」が社会全体の方向性を変えるような解決策を考案することで生まれ、指導者が創造的な対応をしなくなる(=挑戦への応戦に失敗する)と崩壊し、ナショナリズム、軍国主義、専制的な少数派の専制によって沈没していく。そして最終的に社会は「自然死」するのではなく、「自殺や殺人」によって滅びる。いわく、ほとんどの場合、「自殺」によって滅びるのだ、と。セルフネグレクトともいえそうだ。グリーンランドのヴァイキングの事例は、まさに創造性を放棄したセルフネグレクトであり、「自殺」だったといえるだろう。マヤ文明もまた然り。気候変動は一つのきっかけにすぎないが、応戦に失敗すると沈没してしまう。それを数多の歴史が教えてくれている。

現代日本はどうだろうか。

フェイガンは現代を、「蓄財、成長、搾取のイデオロギーに基づいて構築された極端な経済的不平等のシステムを運用しており、少数のエリートが他人の労働で富を得る」世界で、彼らエリートは田舎の伝統的な農耕・牧畜世界を無視しているという。そしてこの「無視」にこそ、私たちすべての将来にとって極めて重要で、なおかつ現代世界でも持続可能なヒントがあるのだともいう。彼によるとそのヒントはコミュニティであり、著書を通しコミュニティの重要性を説き続ける。もちろんコミュニティは重要だが、田舎+コミュニティだけではあまり新しい見方とはいえないと思う。そこで、一つ提示して終わりたい。

時代の変革期に重要なのは、指導者(=その時代の成功者)に変化を求めることではなく、まず己を知り、己が動くこと。己を知るには個の力を鍛える(修士論文では、ゲーテの『ヴィルヘルム・マイスターの修業時代』を参考に、「演じる力」と表現した。詳細についてはまた別で論じたい。)べきで、歴史を知ることは、己を知る上でとても重要な働きをすると思う。今回は「水」と「気候変動」だったが、これからもいろいろなテーマで世界史を語っていければと考えている。

Chelsy(チェルシー)
東京学芸大学および同大学院修了後、出版社・コンサル会社を経て、国会議員秘書・高校教員として6年間過ごす。その後渡英し、5年間ほど当地で世界史講師や研究をする。本帰国後は都立高校教員・シナリオライターを経て、独自の世界史教育構築を目指し中。
「世界史魂!」

アナスタシアと水との関わり

全世界で1100万部を突破！ 多くの読者のライフスタイルを変えた世界的ベストセラー！
『アナスタシア　ロシアの響きわたるシベリア杉 』シリーズ。
今回はシリーズ4巻目『共同の創造』から、水が情報やエネルギーを伝達し、
人間の意識や思考が水を介して地球全体に広がる仕組みが語られている部分に注目。
本書シリーズの監修を務められた岩砂晶子さんに、
人間と水との関わりについて解説していただきました。

文／『アナスタシア』シリーズ　監修・岩砂晶子

水が生命にとって必要不可欠なものであることは誰もが知っている。でも、水がシンクロニシティや夢を具現化するために必須の要素であることや、水によって社会や私たちの人生が形成されていることについては、あまり知られていない。そこで、各人が自身の幸せを享受できるよう『アナスタシア　ロシアの響きわたる杉』シリーズから考察した水についての情報をシェアしたいと思う。

昨今は水について多くのことが語られるようになったが、当シリーズにおいても、水の重要性は随所に散りばめられている。

古代の人々と水の関わり

シリーズ4巻目の『共同の創造』には「最初に創造された人間は、空気と水によって肉体と精神を高いレベルで養っていた」との言及があるし、他の巻でも、いにしえの時代に水が幅広く活用されていた事例が数多く紹介されている。

たとえば、いにしえの人々は泉や小川が流れる場所に「一族の土地」と呼ばれる広大な敷地を築いていたのだが、彼らは朝、目覚めると、必ず泉や小川に出向いて顔を洗ってから一日のスタートを切っていたし、慣わしや行事では水を必須のアイテムとして重要視していたのだ。

詳細は当シリーズに譲るが、彼らの生活様式には水の性質が緻密に計算された上で取り込まれており、世代を経るごとに最も実用的かつ効率的な形で洗練化されたのだ。

「生きた水」と「死んだ水」

次に、水には「生きた水」と「死んだ水」の2種類が存在する。

生きた水とは、きれいな小川、澄んだ池や湖の表層を流れ、人間の生存に必要な微生物が生息する水のことで、死んだ水とは、微生物が生息しない水、例えば栓のされた容器に入ったミネラルウォーターや塩素処理のされた水のことを指す。生きた水は名前のとおり、細胞に活力を与え、生命を育む力をもっている。よって、生きた水を飲んだり、接触することによって、肉体と精神に溜まった不必要なものは浄化される。シリーズの中で、瀕死の状態にあったアナスタシアが残った力を振り絞って湖に行ったのも、毎日のように湖で水浴びをしていたのも、ここに理由がある。

水が持つ情報伝達の力

さらに、水には情報やエネルギー、意識や思考を伝達するという特筆すべき性質がある。動植物に限らず、水を含有していれば、どんなものにでも伝達が可能だ。私はまさに水のこの特質によって、人間の意識や思考が具現化されているのではないかと考えている。

想像してみてほしい。地球の表面は70％が水に覆われている。それにこの惑星のあらゆる生物の中、そして空気や岩石の中にも、水分は含まれている。ましてや人間の肉体に至っては、体重の約60％が水分なのだ。つまり、私たち人間の意識や思考は水をとおして、やがて地球全体に伝達される仕組みなのだ。であれば、私たちがどのような水を摂取し、それをどのように地球に還元し、他者や動植物たち

岩砂晶子　（いわさ・あきこ）
ロンドン大学化学工学部卒。『アナスタシア　ロシアの響きわたる杉』シリーズ（通称：アナスタシア・シリーズ）の日本語版を監修。アナスタシア・ジャパンを設立し、メッセージを広めるために活動中。

アナスタシア・ジャパン

と関わりあうべきか、自ずと見えてくるはずだ。

一族の土地と水の役割

もうひとつ重要なことを説明しておきたい。当シリーズには、人間や地球を創造した存在による生命の壮大な計画、いわば青写真についての描写がある。その計画とは、森羅万象の壮大な生命循環システムとその自己再生プログラムのもとで、私たちが喜びと共に永遠なる命を謳歌するというものだ。

そして、この夢を実現可能にする方法が、アナスタシアによって提案された「一族の土地」なのだ。このアイディアはシリーズ全体で表現された新しい価値観を礎に、現代人を自由と創造へと解き放ち、自然との永遠の調和を可能にする。

一族の土地に育つ果樹や野菜、雑草や木々は、主《あるじ》の情報を汗や唾液などの水分から吸収する。敷地内を素足で歩けば、足の裏から分泌される汗が土や微生物に伝達されていくし、冷ましたお風呂の残り湯を植物の水やりに使えば、家族全員の情報が植物たちに伝達される。こうして主が患っている、または今後発病する可能性のある病気についての情報が植物たちに伝わるわけだ。すると、一族の土地に生える３００種類以上の多種多様な植物や地中の微生物が一丸となって薬効成分を分泌したり、あらゆる形の癒しを提供し始める。当然、伝達される情報は健康状態に限らない。人間の思考や夢の情報も、日々、植物や微生物に伝達されているのだ。

また、敷地内に針葉樹を植えれば、それが宇宙との通信を担うアンテナとなる。主たちの意識や思考は水を通して木々に伝達され、針葉の先から星々に向けて送信される。そして、もし森羅万象がその思考や夢に賛同するのであれば、星々からの助言をもとに、生きとし生けるものすべてがそれを具現化させるべく協力体制を組むことになる。このように私たちが時として経験するシンクロニシティは、実は水の媒介があって起きているのだ。

つまり、水には生命活動に必要な要素であること以上の意味が秘められているのだ。水は、私たちの人生を導く、しいては、社会を構築する重要な要素なのである。

水の汚染がもたらす影響

では、ここまでの説明をもとに、水が汚れるとどうなるか考えていただきたい。ゾッとされた方もいるだろう。自分の体内を流れる水は綺麗だろうか？　生活排水に問題はないだろうか？　汚染された水は、結局、回りまわって自分のもとに戻ってくる。人間がどれだけ美しい夢を抱いても、このような汚い水が伝達役を担う場合、情報は正確に伝達されないだろう。

だからアナスタシアは「水は社会の健全性を測る指標である」と言及しているのだ。

宇宙の一部としての水と人間

このように、大宇宙の仕組みを俯瞰して見てみると、水も人間も、動植物や星々も、すべては細分化することのできない「ひとつ」の有機体だという結論に達する。加えて、創造主による生命の循環システムは、時間域を超えた無限大の計り知れない計画だということもご理解いただけるだろう。そしてこの計画の礎にあるのは、創造主から人間への温かい想いだ。私たちはその懐の中に抱かれ、生かされているのだ。

だからこそ、この壮大な生命循環システムの一部である私たち一人ひとりが、自分の内側を徹底的に掃除し、温かい想いだけを放つことが重要になるのではないかと思う。そして、一族の土地の暮らしを実践する人が増えれば、水と共に地球は楽園に変容するだろう。そのカギを握っているのは、他の誰でもない、私たち一人ひとりだ。

『アナスタシア　ロシアの響きわたる杉』シリーズ

『4巻 共同の創造
改訂版』
ウラジーミル・メグレ著
直日
1,800円＋税

『1巻 アナスタシア』
ウラジーミル・メグレ著
ナチュラルスピリット
1,700円＋税

群馬県みなかみ町「釈迦の霊泉」

御神示から授けられた水 万病が快方に向かう「釈迦の霊泉」

「万病への効果が期待できる」。
稀代の霊能者が御神示を受け、
湧き出た奇跡のような水があると聞き、
源泉が湧く群馬県みなかみ町にある
「釈迦の霊泉」を訪ねた。

取材・文／仲田美砂

「人々を病から救え」お釈迦様の声に導かれて

今季一番の寒波が到来した2025年2月上旬。雪景色が一面に広がるJR上毛高原駅から送迎車に乗り、約3km続く山深い山道を進んだ先、標高約700mの地にある一軒宿「釈迦の霊泉」を訪ねた。宿前の看板には「癌」「胆石」「糖尿病」「肝硬変」「アトピー性皮膚炎」と数多くの効能が掲げられている。

「釈迦の霊泉」は、上杉謙信の隠し湯があったと伝わる奈女沢《なめざわ》温泉唯一の宿で、初代経営者・今井貴美子さんによって開かれた。

仏神会教祖の今井貴美子さん（右）。ご神示を受けるまま、素人とは思えない仏像を彫刻する様子。

始まりは貴美子さんの父のリウマチ治療だった。危篤だった義兄が奈女沢温泉で快方に向かったことから当地を訪ねた。数日湯治を続けると、父は驚くほどの回復を見せ、歩けるほどになった。

幼少期から人の死期を予知するなど高い霊能力があった貴美子さんは、そこでお釈迦様の声を聞く。

「奈女沢で病気の人々を助けよ」。お告げで指示された場所をボーリングし、「釈迦の霊泉」として1950年代初頭に湯元を開く。

さらに、「そなたよ。病人が歩けるか」と声を受け、私財を投じて3kmの山道を切り拓いた。「神様といつもお話しされているようでした。ご神示を聞かれる時は一人になられて」と、二代目女将・経子さんは語る。

二代目女将・今井経子さん。霊泉の元で60年、今年80歳を迎える。優しい笑顔と美肌が輝く。

宿泊客は深夜を含めて好きな時間に霊泉を飲み、浸かることができる（朝8時～9時30分の清掃時間を除く）。

浴場前の広間には、御神水の成分情報や研究書、報道記事、愛飲者から寄せられた手紙など、数々の資料が並ぶ。末期癌、心臓病など大病が改善、完治したという声は数え切れず、奇跡のような体験談に驚かされる。

源泉は25度程度。浴場では40度まで加熱された源泉掛け流し100%の御神水に浸かることができる。湯治客が長く入ることを想定して温度は低めに設定されている。体を浸すと、

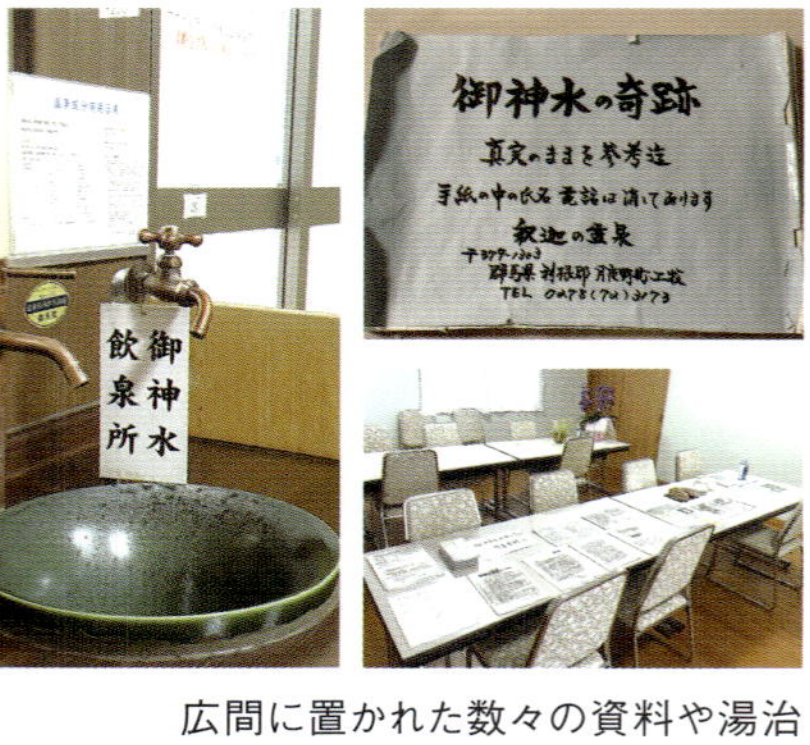

広間に置かれた数々の資料や湯治客からの手紙が展示されている（右2つ）。御神水の飲み場（左）。

浴場。源泉掛け流しや御神水ミストサウナもある。夏季は水風呂が開放される。

水の負荷が少なく、手足を動かしやすい。ふわふわと体が浮くような心地もする。それでいて、お湯の成分が体をまとい、すべすべとしていくのが感じられる。浴場で言葉を交わした80代の女性は、月に一度入浴に来るという。脳腫瘍を抱えているが、飲泉、入浴するようになってから進行が止まっているそうだ。タンブラーに入れたご神水を飲みながら、2時間超と長めに浸かる。また、スプレーボトルにご神水を入れ、肌や髪に吹きつけ、美容液のようにも使うのだと明るく笑う。入浴後、長い間体がポカポカとしており、その保温性の高さも実感した。

ルルドの水よりも小さい霊泉のクラスター

釈迦の霊泉の成分は、アルカリ性(pH9・4～9・7)、軟水(硬度14・786㎎/l)。大きく4つの特徴がある。

1つ目に、油を溶かす力が強い点。界面活性力が高く、体内にこびりついた毒物を洗い流す力があるとされる。この作用が、癌などの治癒に繋がっているようだ。

2つ目に、爪や骨、皮膚、髪など体の形成を助けるシリカ(ケイ素)が豊富に含まれていること。シリカは、コラーゲン、エラスチン、ヒアルロン酸などを構成する物質で、不足すると骨が脆くなったり、髪が抜けやすくなったりする。霊泉を構成するメタケイ酸にはシリカが含まれ、健康、美容面での効能に繋がると見られる。

3つ目に、クラスターの小ささ。水の粒子が小さいほど細胞と結合しやすくなる。霊泉は、59・5Hzと最小レベルのクラスターから構成されている。これは、奇跡の聖水として世界的に名高いルルドの水(70～80Hz台)よりも小さい。

4つ目に、ミネラルが豊富で、酵素の活性化を高められる点が挙げられる。酵素の活動が活発化することで免疫力が下がらず、体力を維持しやすくなる。加えて、土地自体の気が良い。「ゼロ磁場の可能性が高い」という見方も強く、現在、科学的見地から研究が進められているという。

飲み方は、常温で、寝る前、起き抜けに一杯。また、薬を服用する際に飲むと、副作用が軽減されるそう。美味しく飲むなら、焼酎、ウイスキー、コーヒーにもお薦めということだ。

文化人、学者、元首相も数多くの著名人が愛飲

美術家の横尾忠則氏や、過去には中曽根康弘元首相、俳優の松田優作氏など、数多くの著名人が釈迦の霊泉を訪ねた。

横尾氏は40年以上愛飲し、数々の著書で御神水を勧めている。80年代は、度々メディアにも取り上げられ、90年代頃まで多くの湯治者に溢れていた。現在は露出が控えめだが、口コミを中心に効能を聞いた人々が絶えず全国から訪ねて来る。癌を患った人がもっとも多く、3～5泊で滞在する人もいるという。「このお水を飲んで感謝なさっている方がたくさんいます。『ここを永遠に続けてくださいね』と言われる。お客様がお帰りになる時、元気になられて、喜んでくださるのが本当に嬉しい。こちらこそ感謝したいです」。経子さんはにこやかに笑った。

釈迦の霊泉
群馬県利根郡
みなかみ町上牧3768
☎ 0278-72-3173
※宿泊は素泊まりのみ。食事を持ち込んで宿泊する。日帰り入浴も受け付けている。御神水は全国に出荷販売している。最新情報はWebサイトから。
公式サイト

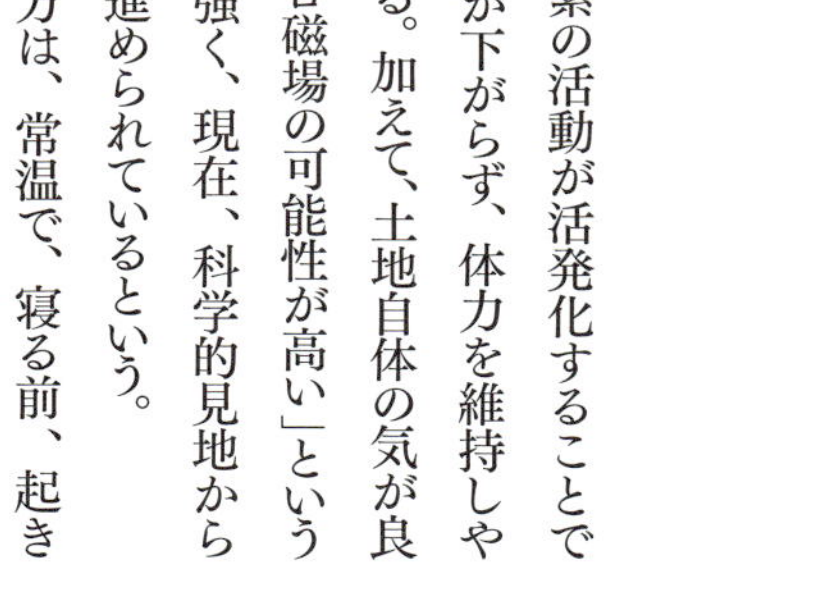

横尾忠則（左・中央）、松田優作（右）のサイン。中曽根康弘元総理も長年利用していた。

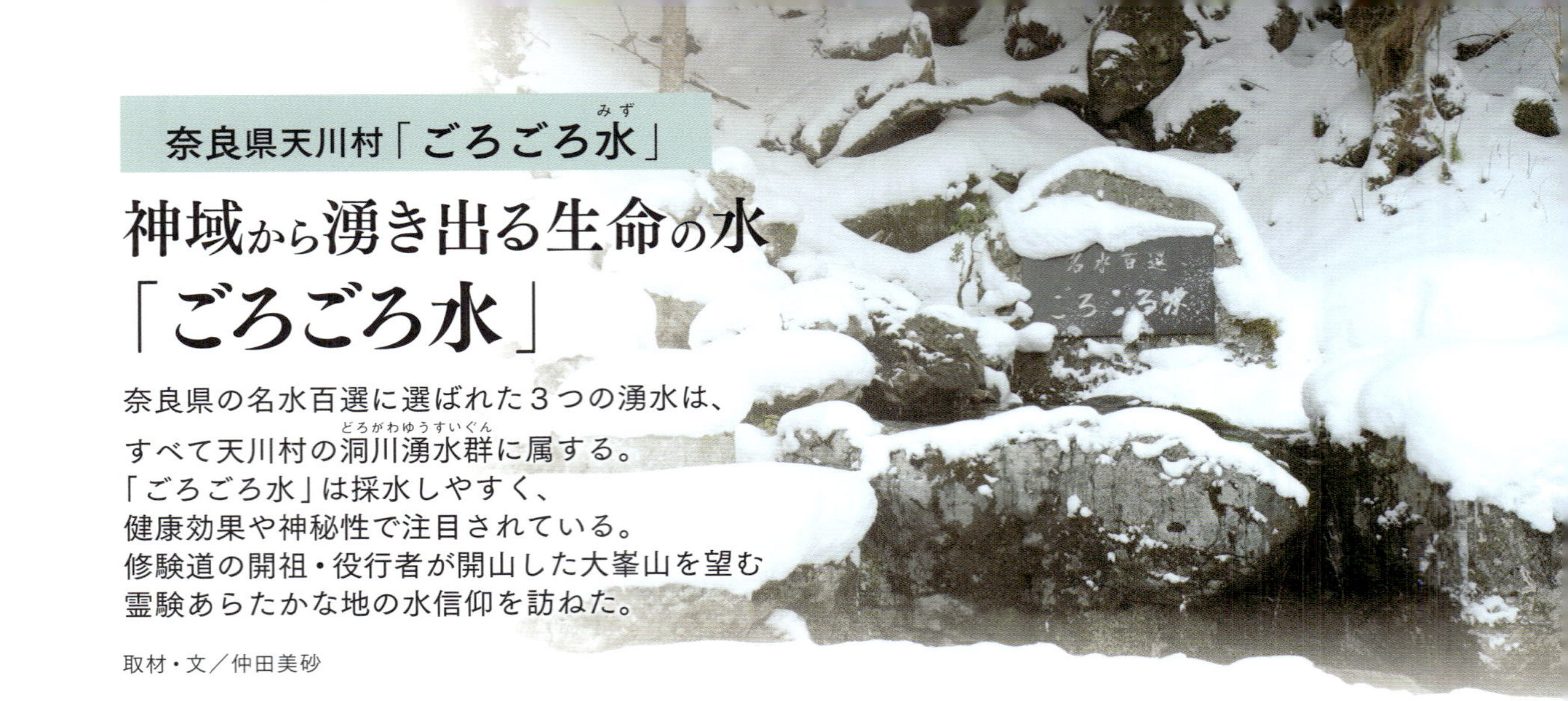

奈良県天川村「ごろごろ水《みず》」

神域から湧き出る生命の水「ごろごろ水」

奈良県の名水百選に選ばれた３つの湧水は、
すべて天川村の洞川湧水群《どろがわゆうすいぐん》に属する。
「ごろごろ水」は採水しやすく、
健康効果や神秘性で注目されている。
修験道の開祖・役行者が開山した大峯山を望む
霊験あらたかな地の水信仰を訪ねた。

取材・文／仲田美砂

近畿地方に大寒波が押し寄せた2025年2月末、雪化粧された山中を車にチェーンを装備し、天川村へ向かった。

天川村は紀伊半島の中央部に位置する高地で、大峯山系の山に囲まれた面積175・7㎢、人口1200人ほどの村だ。和歌山県新宮市へ続く熊野川の最上流が流れ、透き通る清流にはニジマスが泳ぐ。

この地は神々が住まう「高天原」に由来する「天の川」と名付けられ、太古は人々が定住しない神聖な地とされていた。近年は国道が整備されて便が良くなったものの、2000年代初頭まで険しい峠道を越える秘境だった。

大峯山龍泉寺。本堂には弥勒菩薩、役行者、聖宝理源大師、弘法大師、不動明王が祀られている。

大峯山信仰の歩みは水と共に

天川村洞川地区には修験道の聖地・大峯山の登山口がある。約1300年前に役行者が開山して以降、多くの山伏が大峯山に登拝してきた。今日まで女人禁制が続く霊山で、山麓の「母公堂」の傍らには「女人結界門」が建つ。弘法大師・空海も、高野山に至る前に大峯山で修行した足跡が残されている。そして現在も全国の行者が天川村を訪れ、厳しい山岳修行に勤しむ。

お話を伺った増谷英樹さんは、「洞川は田舎のような都会のような場所。全国から行者がやって来て、修行後に宿でいろいろな話を聞かせてくれた」と語る。

母公堂。子を心配し追って来た母が危険な山に入らないよう、役行者が登山口に御堂を建てた。

大峯信仰の原点は水と共にあった。7世紀中頃、役行者が大峯山で修行中に洞川へ下った時、岩場から湧き出る泉を見つけた。役行者はここに八大龍王を祀り、土地の安寧と修行者の安全を祈念した。これが龍泉寺に現存する龍之口《たつのくち》だ。境内には「龍王の瀧」という水行場がある。

また、役行者は天川村坪内《つぼのうち》に位置する天河大辨財天社の創建にも力を注いだ。大峯山の最高峰弥山の鎮守として勧請《かんじょう》され、川を神格化した古代インドのサラスヴァティー神にあたる辨財天《べんざいてん》が祀られており、水神信仰と深く結びついている。

大峯山洞川温泉観光協会メディア部の部長・増谷英樹さん。

役行者が大峯山で修行中に見つけた龍泉寺境内の泉「龍之口」。八大龍王が祀られている。陽光のもとでエメラルドグリーンに輝くという（右）。水神。芸能の神が祀られる天河大辨財天社本殿には独自の神宝・五十鈴が吊り下げられている（右下）。

生命の源となる「人間らしい水」

大峯参りの際、行者たちが喉を潤していたのが「ごろごろ水」だ。この水は大峯山の行場を望む清浄大橋に至る参道沿いから湧き出ており、古くは「仏水秘水《ぶっすいひすい》」と呼ばれていた。岩間から流れる水が反響し、「ごろごろ」と音を立てていたことから、その名が付けられたという。積もったばかりの雪にサクサク足を埋めつつ、源水地の前に立つと、さやかな水流の音が辺りに響き、心がやわらかくなっていく。

ごろごろ水の水源地に祀られる佛水秘水行者尊。

ごろごろ水は、石灰岩相が隆起してできたカルスト地形から湧き出ている。石灰岩は水に溶けやすい特性があり、水源地そばの五代松《ごよまつ》鍾乳洞や、面不動鍾乳洞、蟷螂《とうろう》の岩屋など、洞川地区には洞窟が多く存在する。その地形に花崗岩質のマグマが貫入しており、水は長い年月をかけてミネラルを豊富に含んで湧き出す。

口当たりがやわらかく、飲むと体にスッと入ってくる、やさしい水だ。水質は「pH8・2」「硬度89・5mg／l」の弱アルカリ性の軟水。カルシウム、マグネシウム、カリウムという人間に不可欠な3大ミネラルが含まれている。

特にカルシウムは「33・8mg／l」と国内有数の含有量を誇る。利尿作用が高くデトックス効果が期待できるので、お風呂に入る前後に飲むのがお勧めだそう。

そして、抗酸化作用が驚くほど高い。増谷さんから2種の水を見せてもらった。2009年に谷川の水とごろごろ水を汲み、なかに鉄のクリップを入れたという。驚くことに、谷川の水は黒く濁っているが、ごろごろ水は2025年現在も透明で、なかのクリップがピカピカしている。この水を飲み、たくさんの人が健康維持に役立てているという。

人々は神宿る水に深い畏敬の念を抱いている。

1985年、地域の人々の尽力により、ごろごろ水が名水百選に指定され、その名を広めた。

また、源水地から近郊の「ごろごろ茶屋」までパイプラインが引かれ、駐車場料金500円で必要なだけ水を汲めるよう整備された。県外からもごろごろ水を求めて多くの人々がやってくる。

2009年に汲まれたごろごろ水。

増谷さんは、ごろごろ水は「人間らしい水」だと話す。

「生命の源である水。癒やされる気。洞川に気を求めてやってくる人が多くいらっしゃる。人の命を守る原点が洞川から発信されている気がする。洞川を訪れた人が、ごろごろ水を何かに役立ててくれるととても嬉しい。それが役目」。

ごろごろ茶屋
ごろごろ水採水場
奈良県吉野郡天川村洞川686－139
☎0747－64－0188
定休日：水曜日（7～8月を除く）

ごろごろショップ
奈良県吉野郡天川村洞川46
☎0747－64－0556

公式サイト　詳細マップ

駐車場までパイプラインが引かれ、ごろごろ水を汲みやすくなった（上）。ごろごろ水を全国発送するごろごろショップ（下）。

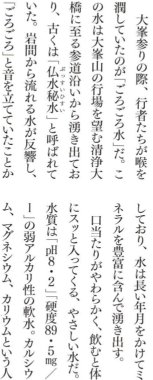

日本を代表する湧き水・河川を選ぶ

環境省選定

「名水百選」

水資源に恵まれている日本には、
全国各地に「名水」と呼ばれる水があります。
言葉として知ってはいるものの、
名水が具体的にどのような水を指すのか。
この機会に、名水の定義や全国にある
「名水百選」の魅力に触れてみましょう。

文／編集部

そもそも名水百選とは

「名水百選」が誕生したのは１９８５年３月、当時の環境庁が水環境を守ることへの関心を高めてもらおうと、全国各地の湧水や河川を「昭和の名水百選」として選定。龍泉洞地底湖の水（岩手県）や四万十川（高知県）など、水質の優れた１００カ所が選ばれました。

しかし世界的な水需要の増加や気候変動により、水環境は悪化の一途をたどります。２００８年に神戸で開かれた「気候変動と水」のシンポジウムでは、気温上昇や降水量の変化が水資源に影響を与えていることが確認され、第三次環境基本計画や21世紀環境立国戦略でも、持続可能な水利用の重要性が強調されるようになったのです。そうした背景から、地域住民が主体となった保全活動の状況なども重視した「平成の名水百選」が決定。熊本県の「南阿蘇村湧水群」など１００カ所が追加され、昭和版と平成版の計２００カ所となっています。選定をきっかけに、ミネラルウオーターの商品化も増えました。

ただ、２０２４年度中に目指していた令和版の選定については検討中とのこと。子ども向けの環境学習としての利用や水遊びなどレクリエーションの開催状況といった「水辺の活用」を重点評価する方向で進められているようです。

名水百選はどのように選ばれた？

名水百選の選定にあたっては、各都道府県から推薦のあった全国７８４カ所の湧水・河川水を対象に、学識経験者からなる名水百選調査検討会が、水質・水量などの科学的観点のみならず、地域の生活に溶け込んでいる清澄な水および水環境の中で、特に地域住民等による主体的かつ持続的な水環境等の保全活動が行われている点を重視して、水汲み場の清掃、名水の由来や歴史、貴重な動植物の保全などの環境教育の場としての活動なども評価されたと考えられます。

ただし、昭和版、平成版の名水百選は、飲用できるかどうかについては選定の基準とされていません。飲用する場合は、必ず各自治体に確認してください。

選抜総選挙を観光の呼び水に！

名水百選の取り組みは、２０１５年に30周年という大きな節目を迎え、これを記念し環境省では「名水百選選抜総選挙」を実施しました。

企画の目的は、わが国の豊かな水資源とともに景観美や奥深い文化の魅力を発信するためのもので、改めて名水百選を知ってもらい、２００カ所の名水（１９１市町村）より立候補した名水を対象とした国民投票（２０１６年３月実施）を４つの部門に分けて行いました。環境省では、新たな価値に日本の水資源を観光の呼び水として期待しているようです。

昭和・平成「名水百選」一覧

北海道地方

羊蹄のふきだし湧水
甘露泉水
ナイベツ川湧水
大雪旭岳源水
仁宇布の冷水と十六滝

東北地方

青森　富田の清水・渾神の清水
沼袋の水・沸壷池の清水・湧つぼ
岩手　龍泉洞地底湖の水・金沢清水・
青龍水・中津川綱取ダム下流・
須川岳秘水 ぶなの恵み
宮城　桂葉清水・広瀬川
秋田　六郷湧水群・力水・元滝伏流水
獅子ケ鼻湿原「出つぼ」
山形　月山山麓湧水群・小見川・立谷沢川
福島　磐梯西山麓湧水群・小野川湧水
荒川・栂峰渓流水・右近清水

中国地方

鳥取　天の真名井・布勢の清水・
宇野地蔵ダキ・地蔵滝の泉
島根　天川の水・壇鏡の滝湧水・
浜山湧水群鷹入の滝・
一本杉の湧水
岡山　塩釜の冷泉・雄町の冷泉・岩井・
夏日の極上水
広島　太田川（中流域）・今出川清水・
桂の滝・八王子よみがえりの水
山口　別府弁天池湧水・桜井戸・
寂地川・三明戸湧水・阿字雄の滝
(大井湧水)・潮音洞（清流通り）

関東地方

茨城　八溝川湧水群・
泉が森湧水及びイトヨの
里泉が森公園
栃木　出流原弁天池湧水・
尚仁沢湧水
群馬　雄川堰・箱島湧水・神流川源流・
尾瀬の郷片品湧水群
埼玉　風布川日本水・毘沙門水・
元荒川ムサシトミヨ生息地・
武甲山伏流水・妙音沢
千葉　熊野の清水・生きた水・久留里
東京　お鷹の道・真姿の池湧水群・
御岳渓流・落合川と南沢湧水群
神奈川　秦野盆地湧水群・洒水の滝・
滝沢川・清左衛門地獄池

四国地方

徳島　江川の湧水・剣山御神水・海部川
香川　湯船の水・楠井の泉
愛媛　うちぬき・杖ノ淵・観音水・
つづら淵
高知　四万十川・安徳水・鏡川・黒尊川

甲信越・北陸・東海地方

山梨　忍野八海・八ヶ岳南麓高原湧水群・
尾白川・御岳昇仙峡・夏狩湧水群・
西沢渓谷・金峰山「瑞牆山源流」
長野　猿庫の泉・安曇野わさび田湧水群・
姫川源・流湧水まつもと城下町湧水群・
観音霊水木曽川源流の里「水木沢」・
龍興寺清水
新潟　龍ヶ窪の水・杜々の森湧水・吉祥清水・
宇棚の清水・大出口泉水・岩船郡
関川村・胎内市の荒川
岐阜　宗祇水（白雲水）・長良川（中流域）・
養老の滝「菊水泉」・達目洞（逆川
上流）・加賀野八幡神社井戸・
和良川・馬瀬川上流
静岡　柿田川湧水群・安倍川・阿多古川・
源兵衛川・湧玉池「神田川」
愛知　犬山市～可児川合流点の木曽川
（中流域）・鳥川ホタルの里湧水群・
八曽滝
三重　智積養水・恵利原の水穴（天の岩戸）・
赤目四十八滝
富山　黒部川扇状地湧水群・瓜裂の清水
穴の谷の霊水・立山玉殿湧水・
いたち川の水辺と清水・弓の清水・
行田の沢清水・不動滝の霊水
石川　弘法池の水・古和秀水・御手洗池
藤瀬の水・桜生水・遣水観音霊水
白山美川伏流水群
福井　瓜割ノ滝・お清水・鵜の瀬・
雲城水・本願清水・熊川宿前川

近畿地方

滋賀　十王村の水・泉神社湧水・
堂来清水・針江の生水・
居醒の清水・山比古湧水
京都　伏見の御香水（磯清水）・
大杉の清水・真名井の清水・玉
大阪　離宮の水
兵庫　宮水・布引渓流・千種川・
松か井の水・かつらの千年水
奈良　洞川湧水群・曽爾高原湧水群・
七滝八壷
和歌山　野中の清水・紀三井寺の三井水・
熊野川（川の古道）・那智の滝・
古座川

九州地方

福岡　清水湧水・不老水・岩屋湧水
佐賀　竜門の清水・清水川
長崎　島原湧水群・轟渓流
熊本　轟水源・白川水源・菊池水源・
池山水源・水前寺江津湖湧水群・
金峰山湧水群・南阿蘇村湧水群・
六嘉湧水群・浮島
大分　男池湧水群・竹田湧水群・
白山川・下園妙見様湧水
宮崎　出の山湧水・綾川湧水群・妙見神水
鹿児島　屋久島宮之浦岳流水・霧島山
麓丸池湧水・清水の湧水・
甲突池・唐船峡京田湧水・
普現堂湧水源・ジッキョヌホー
沖縄　垣花樋川・荻道大城湧水群

「名水百選」選抜総選挙部門別トップ５を紹介！

観光地として素晴らしい名水部門

第1位　安曇野わさび田湧水群
（長野県安曇野市）

第2位　塩釜の冷泉
（岡山県真庭市）

第3位　まつもと城下町湧水群
（長野県松本市）

第4位　水前寺江津湖湧水群
（熊本県熊本市）

第5位　島原湧水群
（長崎県島原市）

景観が素晴らしい名水部門

第1位　安曇野わさび田湧水群
（長野県安曇野市）

第2位 大杉の清水
（京都府舞鶴市）

第3位 かつらの千年水
（兵庫県香美町）

第4位 菊池水源
（熊本県菊池市）

第5位　轟渓流
（長崎県諫早市）

秘境が素晴らしい名水部門

第1位 鳥川ホタルの里湧水群
（愛知県岡崎市）

第2位　鷹入の滝
（島根県安来市）

第3位　金峰山湧水群
（熊本県熊本市）

第4位　恵利原の水穴（天の岩戸）
（三重県志摩市）

第5位　剣山御神水
（徳島県三好市）

おいしさが素晴らしい名水部門

第1位　おいしい秦野の水
（神奈川県秦野市）

第2位　わかさ瓜割の水
（福井県若狭町）

第3位　大雪旭岳源水
（北海道東川町）

第4位　月山自然水
（山形県西川町）

第5位　清流 長良川の雫
（岐阜県岐阜市）

「力のある水」が、世界を調和に導く！

株式会社 T.T.C／ネオガイアジャパン株式会社 **上森三郎**

地球上の生命を支える水も、さまざまな汚染によってエネルギーが枯渇しつつある。「ゼロ磁場」によって水本来の力を蘇らせ、世界平和にも貢献したいと願う上森三郎さんにお話をうかがった。

取材・文／真佳千史

建築士から水の研究家に

一級建築士だった私が「水」に関わるようになったきっかけは、シックハウスの問題に直面したことです。その中で、飲む水、身体に触れる水を含めて水が大切なのだという結論に至りました。

また、その調査の過程で、ある高名な研究者と出会いました。その方の書いた本にアトピーの改善法が書かれており、内容に感銘して訪ねて行ったところ、その方は、磁力を応用した水に注目されていたのです。最初は半信半疑でしたが、実際いろいろな効果があることを知り、世界中の論文を検証しながら共に研究を進めました。

その後、私は独立し、水を活性化する装置「ネオガイア」を開発し、「流体の活性化装置」として日米特許を取得しました。それから、まるで天に導かれるようにさまざまな製品を生み出すことになったのです。

ネオガイア。

「ゼロ磁場水」とは

私の開発する製品の特徴は強力なネオジム磁石によって「ゼロ磁場」を生み出すことです。ゼロ磁場とはN極とS極の磁力が拮抗した場で、大いなるエネルギー(気)が生じていると考えられています。

さらに、製品には、金・銀・銅・プラチナといった貴金属を内蔵していて、その電子のエネルギーが水に付加されるよう設計してあります。私が金の探査機として開発し、特許も取得した「コアロッド」という特殊なダウジングロッドで測ると、普通の水道水やミネラルウォーターには反応しませんが、ゼロ磁場発生装置を通した水にはきちんと金の反応があります。

「ネオガイア」だけでなく、製品のいくつかは「流体活性化装置」として特許を取得しました。これらの製品によって活性化された「力のある水」を私は「ゼロ磁場水」と呼んでいます。以下、その特徴をご紹介しましょう。

コアロッドを使う上森さん。

ゼロ磁場水は油を溶かす

数十軒の酪農家さんのところで、牛2000頭にゼロ磁場水を飲ませ、乳質検査を行いました。すると、乳脂肪分率がグッと減少したのです。「牛乳」として販売するためには、ある程度の乳脂肪分が必要ですが、本来正常な身体になれば、人も動物も脂肪分が下がっていきます。ゼロ磁場水は余分な脂肪を排出するので、健康にも良いだけでなく、スリムになりたい方にも有効だと思います。

ゼロ磁場水はプラスイオン化した状態を中和する

プラスイオン化とは、すなわち酸化です。あるサッカーチームに、競技場の芝生が全面枯れてきたのだが原因がわからない、と相談されました。見ると、水道水を芝生に噴霧する装置が付いているのに、霧は上に上がるばかりで芝生に降りません。水の撒かれた地面も噴霧された霧もプラスイオン同士なので、反発しているんですね。

そこでゼロ磁場水の装置を設置したところ、マイナスイオンの性質を持った水が一度上に上がった後、滝のようにザーッと降りました。地面が中和されるとまた水は霧となって上に上がりました。

芝生が枯れた原因も、水道水のプラスイオン化ですから、これで芝生が元気になったことは、言うまでもありません。

水は光であり、生き物であり神様である

公衆トイレで水を汲んで装置にかけ、水が活性化するまで何秒かかるかを測る実験を繰り返していたことがあります。ある日、現場で年配の女性が若い女性の人生相談に乗っていました。「的外れなアドバイスだな」と聞いていたのですが、面白いことにいつもは1時間で出てくるゼロ磁場水が20分ぐらい遅れて出てきたんです。装置にゴミが詰まっていたわけでもないし、これは水も人生相談を聞いてたんじゃないかと思いましたね。

空気中に漂っている水たちも、私たちの会話を聞いているし、頭の中もみんな水に見られています。そう解釈すると合点がいくようなことがたくさんあるんですよ。

私は水こそが神様であると思っています。

ゼロ磁場水に触れると、脳波はスローアルファ波優位になる

日本における脳波研究の第一人者、志賀《しが》一雅《かずまさ》先生に検証してもらったところ、私の開発したゼロ磁場発生装置を使うことで、脳波がスローアルファ（7～9Hz）のとてもリラックスした状態に導かれることがわかりました。私たちは毎日、朝起きた瞬間から不安や心配にかられ、脳波がベータ波（12～26Hz）優位のいらいらした状態になりがちです。ゼロ磁場水をアロマペンダントなどに入れて持つだけでも脳波を穏やかに保つことができます。

動物や植物にも変化が

ほかにも、ゼロ磁場水によって、酪農場の水タンクにボウフラが寄り付かなくなった、ケージで育てられ、ストレスで下痢が絶えなかった鶏のコンディションが良くなった、植物の根がよく張り、トマトでは吊るす紐が切れるほどたくさんの実がなった、など、実例には枚挙にいとまがありません。

横浜の環境衛生センターでは、ネズミを使った蚊の吸血実験を

しました。1カ月間、センターの水道水を飲ませたマウスとネオガイアを通した水を飲ませたマウスで比較実験したところ、全部で151匹の蚊がいたのですが、その内、水道水のマウスには20匹、ゼロ磁場水のマウスには1匹の蚊が止まって血を吸うという結果が出ました。1匹も来なかったら逆に怖がられるかもしれない、と「1匹でも来てくれ」と思っていましたがその通りになりました。

　また、競争馬に水を飲ませ、騎手には水を入れたペンダントを持たせたら、新人なのに実にいい成績を出しました。軸が整うのと同時に、馬と騎手がスローアルファの波長で共鳴したのでしょうね。スローアルファ波は、地球の周波数と呼ばれるシューマン周波数（7・83Hz）と共通しているので、自然との共振共鳴もできるのでしょう。スポーツ選手では、無心の状態で最高のパフォーマンスができる、いわゆる「ゾーン」の状態に入りやすくなるとの報告もあります。

　水道管に設置する「ネオガイア」、持ち運びのできる「ハンディネオガイア」に続き、今年2月には、両者のメリットを合わせた「スーパーネオガイア」を新しく販売しました。完全防水なので浴槽に沈めてもいいですし、水だけでなく、中に通せるものなら小物にも電子を付加できます。かなりの自信作で国際特許取得も準備中です。ぜひお役立ていただきたいですね。

身体を流れる命の源

　私は水俣近くの芦北町の出身です。20歳半ばくらいから身体の左半分にしびれを感じるようになり、公害の影響かと悩んだ時期もありました。

　ついには、普通に暮らしている時に、ふいに目の前が真っ暗になり、ガクンと意識が途絶えてしまうようになったのです。検査しても原因がわからない。ただ右の脳だけ、真っ白か真っ黒か……どちらか忘れましたが、その画像を見せられた時、素人目にも「やばい」と思いました。

　すると、ある先生が「頸椎あたりに問題があるんじゃないか」と言うんです。そこでカイロプラクティックに行って、頸椎をゴキゴキとやってもらったところ、左半身にブワーッと血が熱く流れる感覚がありました。その時「ああ、身体は血が流れないと死んでしまうんだ」と心の底から思いました。

　血もまた水です。身体は常に、新鮮な水を補給する必要があります。空気中には水分子がたくさん含まれていますから、汚れた空気の中にいると身体の水まで汚れていきますからね。

　身体を活性化させるためにも、力のある水であればもっといい。特に人間の司令塔である脳は、水の中に浮かんでいます。ゼロ磁場水が導くスローアルファ波は、右脳と左脳のバランスを取るとも言われています。どれほどのメリットがあるかおわかりですよね。

　また、ゼロ磁場水を使い始めると、女性の方は、ハイヒールの靴が履きにくくなることがあるようです。脳波がスローアルファ優位になると、身体の違和感に気づきやすくなるのです。

さまざまな問題も水が解決

　私が今、問題視しているのはマイクロ波によるクォンタムリープ（量子飛躍）です。カーナビやスマホで位置情報を測るために、人工衛星をどんどん打ち上げているでしょう。こうなると、上空から降り注ぐマイクロ波で水の分子が破壊されてしまいます。クォンタムリープは乾燥すると起こりやすいといいます。部屋は理想の湿度である50±5％を保ち、ゼロ磁場水をこまめに飲むことをお勧めします。

今、問題となっているPFAS（有機フッ素化合物）も、電子を奪う性質が良くないのですから、電子をいっぱい与えてあげればよいですよね。ワクチンの問題にしても、解決策は水しかないと思うんです。

ブームになっている水素水や酸素水は、私の考えでは、あまり良いとは言えません。この世に男と女がいるように、水素と酸素でできています。水もH_2O、片方だけいいとこ取りしても、アンバランスです。身体が拒否反応を起こすでしょう。

見えない存在に導かれ

２０１０年の秋分の日、朝、誰もいない事務所で作業していると、左斜め45度上から突然「もう時間がない！」と声が聞こえました。その時は単に疲れ気味かな、と思っていたのですが、次の日も、同じ時間、同じ方向から聞こえるのです。

声は「早く契約してくれ」と言いますが、何の姿も見えない。放っておいたら3日目には「命取ったろか！」と怒鳴られました。そこから、私と見えない存在とのコンタクトが始まったのです。

その存在は、空海だと思います。私はその声に導かれ、「ネオガイア」などの商品を開発するだけでなく、日本の古代史についての検証活動を余儀なくされました。詳しくは私のnoteやブログをお読みください。

邪馬台国の女王卑弥呼の墓には諸説ありますが、私は独自の調査により、兵庫県神崎郡神河町大山にあると推察しています。私はそこから持ち帰った石を「卑弥呼の弧帯石《こたいせき》」と名付けました。それを水につけると、金の電子が入り込むことがわかりました。卑弥呼は、１８００年ぐらい前に、すでに水の中に電子を入れ込むテクノロジーを持っていたのです。

身体に良い水とは「電子豊富な水、電子リッチな水」。この水を通して、人々や地球環境が本来の力を取り戻し、世界平和が実現できたなら、天に動かされる私の使命も果たせるような気がいたします。

上森さんが採掘した卑弥呼の弧帯石。

上森三郎（うえもり・さぶろう）
株式会社 T.T.C
ネオガイアジャパン株式会社
両代表取締役
1954年熊本県生まれ。建築歴30年の一級建築士。シックハウスの研究をする中で水の重要性を知り、流体・物質を活性化するゼロ磁場発生装置（「ネオガイア」「テラファイト」）を開発、日米で特許取得。また、隠された歴史と真相を解き明かす活動にも積極的に取り組んでいる。「『かごめかごめ』をつたえる会」会長。

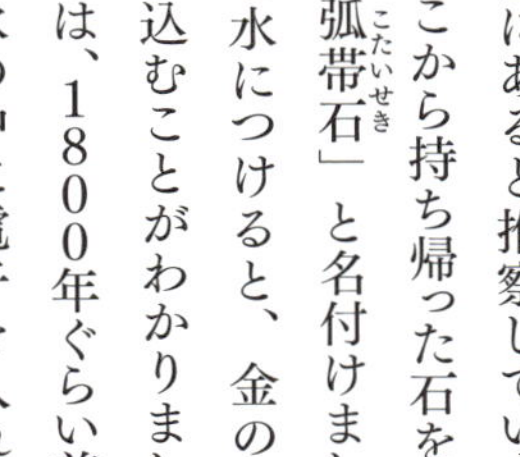

ブログ
「かごめかごめの真実とは」

note

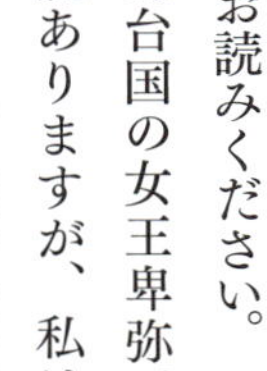

『宇宙の響きで生きる「ゼロ磁場発生装置」の神秘』
上森三郎 著
ヒカルランド
1,815円＋税

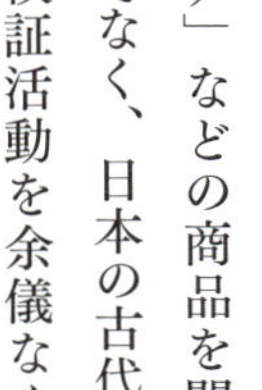

『邪馬台国オリオン座説』
上森三郎 著
株式会社 T.T.C
1,800円＋税

ゼロ磁場の力で水を活性、電子リッチに！

上森三郎さん開発　ゼロ磁場発生装置

※下記の製品はすべて特許を取得しています※

水の活性に特化「ネオガイア」シリーズ

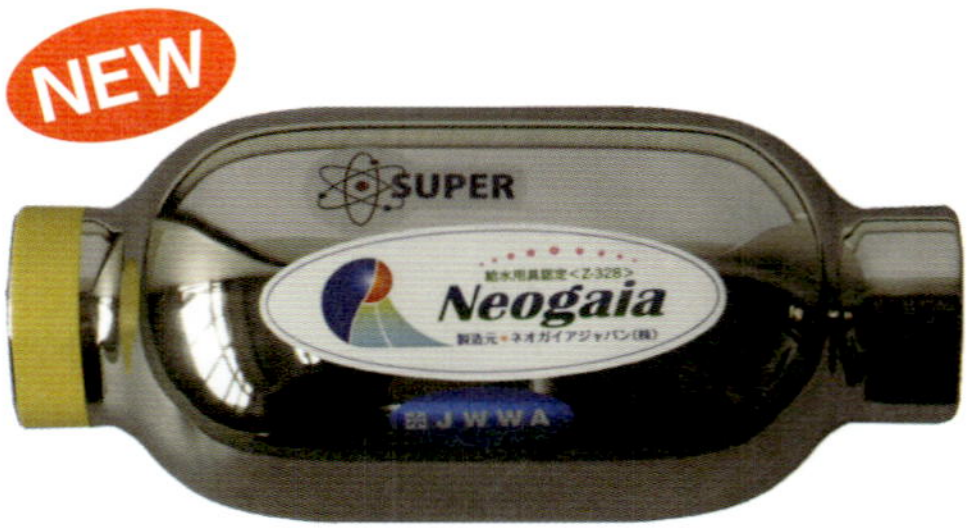

「スーパーネオガイア」

「ネオガイア」「ハンディネオガイア」のメリットを兼ね備えた最新版。中を通すことで金・銀・銅プラスアルファの電子エネルギーを付与できる。完全防水のステンレス製。水道管に元付けするだけでなく、水道水を通したり、浴槽に沈めたり、食品や小物を通したりと幅広く活用できる。
定価：275,000 円 (税 25,000 円)

「ハンディネオガイア」

能登半島地震をきっかけに「持ち運べる『ネオガイア』を」との目的で開発。動的（陽）、静的（陰）、動的（陽）と、ゼロ磁場を三重構造にすることで金・銀・銅に加え、卑金属の電子を付与することを初めて可能にした製品。
定価：198,000 円 (税 18,000 円)

置いて、通して、触れて…
あらゆるものを活性化「テラファイト」シリーズ

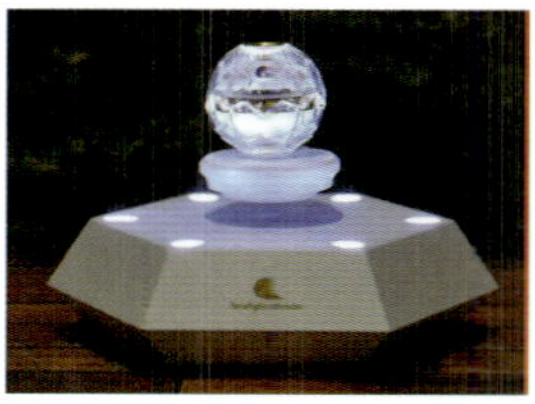

「テラファイトきらきらワンダー」

レオナルド・ダヴィンチも追求していたという 32 面体の「フラーレン」状の「テラファイトコア」を回転させ、エネルギーを光とともに放出。置くだけで空間を静的・動的ゼロ磁場を統合したゼロ磁場に導き、脳波をスローアルファ波へ導く。水への影響も期待。
定価：132,000 円 (税 12,000 円)

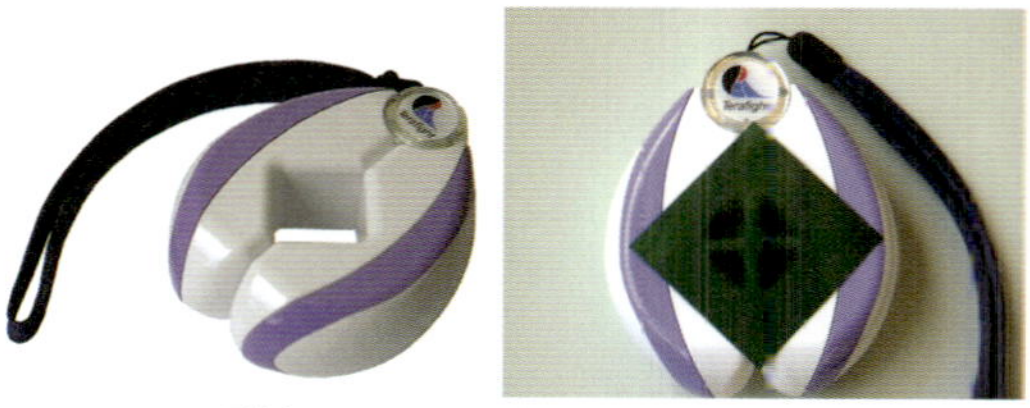

磁気シートを当てると十字型が現れる。

「テラファイト卑弥呼」

静的なゼロ磁場エネルギーを採用。クリップ型の形状で、挟んで、通して身の回りのものを何でも活性化。防水性が高く、お風呂に入れたり、蛇口に挟んだりしての使用も可能。
定価：88,000 円 (税 8,000 円)

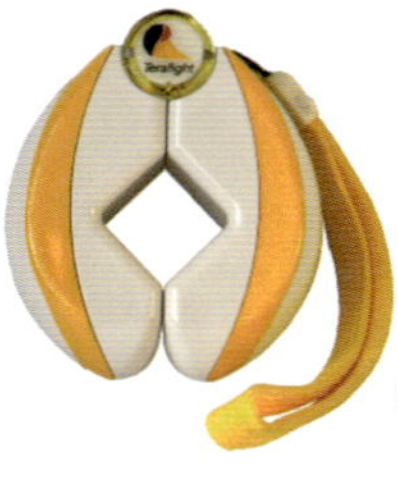

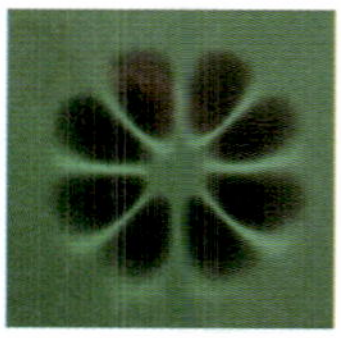

特殊な方法で撮影された「テラファイト卑弥呼ゴールド」の法輪型の磁壁線（完成した製品に磁気シートを当ててもこのようなパターンは現れない）。

「テラファイト卑弥呼ゴールド」

動的なゼロ磁場エネルギーを採用。邪を払い、魔を退け、逆境を乗り越える仏教の法具「法輪」のエネルギーを備え、水や物質の活性化だけでなく、願望実現や能力開発にも。
定価：88,000 円 (税 8,000 円)

※「テラファイト」シリーズには他にも商品がございます。
商品のお問い合わせおよびご注文は…
T.T.C 公式ショップ
https://tt-c.info/
TEL：078-855-8817
online
※『岩戸開き』を見た、とお伝えください。

人体だけではなく、地球環境も改善する素粒水！

人間の体の 60 ～ 70% は水。
どんな水を体内に取り入れるかで、私たちの体は全く違ってきます！
素粒水は、私たちの健康増進に寄与するとともに、
家庭から川や海へ排水されることにより地球全体の環境改善にも貢献する水です。

素粒水とは？

株式会社フリーサイエンスの特許技術によって抗酸化作用（還元力）と自浄能力を最大限に引き出した水で、ミネラル分はそのままに臭いの元となる残留塩素や不純物、トリハロメタン(発ガン性物質)を取り除いています。
現代の水は、激しい汚染のために水の分子が結合し、H_2O の水分子が 15 ～ 25 個くっついた大きな塊になっています。その大きな塊になった水の分子に、24 時間にわたり、25 気圧の圧力をかけて除圧する技術を用いて水分子を小さくし、本来の水の振動運動を取り戻した状態の水で、通常の水よりも浸透力や吸収力が高く、生物細胞の酸化を抑制することができる還元力を持つ水です。

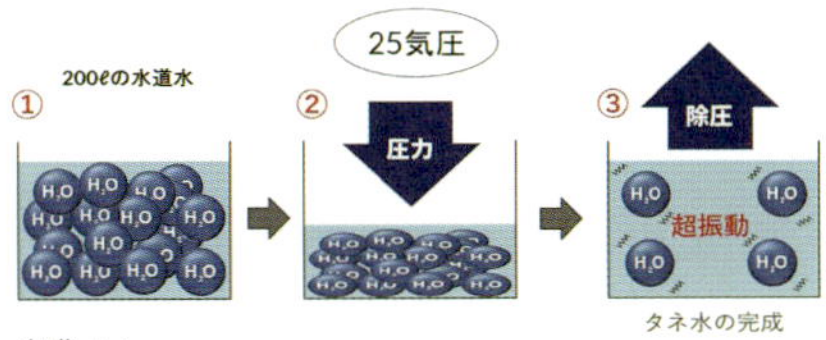

出典：Amazon

素粒水の特徴は？

1. 酵素の代役を担い、食品の醗酵を促します。
2. 強い浸透力と磁気バランスの安定性で、体内環境を整えます。
3. 腐敗せず、保存水に最適です。
4. 河川の富栄養化を抑制し、地球環境を改善します。

1.食品の醗酵を促す

通常の水道水に食品を浸して長い期間放置しておくと腐敗しますが、「素粒水」に浸しておくと約４週間で醗酵します。本来、食品が醗酵現象を起こすためには酵素(エンザイム)の作用と微生物の働きが必要となりますが、素粒水は自らが触媒となって酵素の代役を担い、野菜、果物はもちろん肉類を浸け込んでも醗酵現象を起こします。酵素は、食べた物が消化・吸収されたり、エネルギーに変わったり、細胞が生まれ変わったりという生理機能(代謝)が行われる時に重要な触媒となるものです。通常、42 ～ 70 度の熱を加えると死んでしまうのですが、素粒水が持つ酵素の代役機能は加熱しても失われません。

2. 強い浸透力と磁気バランス

携帯電話や電子レンジなどから発生する自然界に存在しないような異常な電磁波の影響を受けた水分子は、本来持っている磁気バランスを崩した状態になり、これが人体に悪影響をもたらします。しかし、素粒水の分子はマイクロ波の影響を受けにくく、磁気バランスが安定するため有害電磁波対策として有効です。

■参考資料　フリーサイエンス
https://www.f-science.com

3. 腐敗しない水

4 年間常温保存されていた「素粒水」が腐敗することなく飲料水に適合することが証明されました。室内に「素粒水」を入れたペットボトルを置くと、素粒子エネルギーによって環境を改善しながら非常用保存水となり災害時に役立ちます。素粒水が素粒子エネルギーを生成する理由は〝超振動〟と呼ばれる振動能力の高さです。

4. 地球環境を改善する水

神奈川県内の公園の池が富栄養化し、水生植物が腐敗し悪臭が漂っていた状態から素粒水の自浄能力により約２カ月で池全体が自然と浄化され、水生植物が蘇生したという結果報告があります。

また、農業分野においても、素粒水を入れたペットボトルを植物の根元に置き栽培した結果、害虫被害が軽減され、農薬を使用する量が例年 1/3 になり、品質の向上と生産量の増加が図られるなどの結果が出ています。

セロリジュースやデトックススムージーで体調改善を実感！

スカイハイジュースの健康革命

スカイハイジュース代表　**藤井満美**

ニューヨークでビーガンやローフードと出会い、健康的な食生活に目覚め、母の健康改善を機に、東京にジュースバー「スカイハイジュース」を開店した藤井満美さん。特にセロリジュースやデトックススムージーなど、体調改善に効果があるとされるメニューを提供しています。最近は音と植物の力を融合させた新しい健康法や、アダプトゲン（適応機能を持つ植物）を広める活動にも取り組んでいます。

取材・文／河越梨江

健康への想いが生んだ日本初のスロージュースバー

――13年前、まだ日本では珍しかったスロージュースのジュースバーをやることになった経緯を教えていただけますか？

私は元々フォトグラファーを目指しており、ニューヨークに滞在していたときにビーガンのルームメイトと出会いました。彼女はウールすら着用しない徹底したビーガンで、その影響を受けて私もビーガンに関心を持つようになりました。さまざまなビーガンレストランを訪れるうちに、ローフードやスロージュースに出合いました。

当時はビーガンの食生活を送っているだけでしたが、日本に帰国してから本格的にスロージュースを作るようになりました。

きっかけは母の脂肪肝です。医師から「ジュースを飲めば三カ月ほどで改善する」と勧められたため、母と一緒にローフードとスロージュースを取り入れることにしました。

ジュースは以前から作っていたため、そこから本格的に野菜の生食を始めました。すると、約3カ月で母の健康状態は改善し、私自身も体調が良くなり、心もポジティブになったのです。

もともと肉を食べない生活をしていましたが、ローフードに魅了されるようになり、母も完治後はマクロビからローフード中心の食生活に移行しました。

ただし、大量のサラダを食べるのは時間がかかり、顎も疲れるため、手軽に栄養を摂れるジュースやスムージーを飲むようになりました。アメリカではローフードのシェフ養成学校にも通いましたが、日本に戻るとオーガニック食品やスムージーを手に入れるのが難しく、選択肢が限られていることに気づきました。

　当時、私はカメラマンとして働いていましたが、職場環境は過酷で、食事を摂る時間がほとんどありませんでした。周囲にはジャンクフードしかなく、健康的なファストフードが存在しませんでした。そのとき、「ジュースバーを作れば、みんなジュースを飲んでくれるのでは？」と考えるようになりました。

　ニューヨークでカメラマンのアシスタントをしていた頃、収入を補うために週2回ほどバーテンダーのアルバイトをしていたんですが、その経験からオペレーションの基本は理解していたため、ジュースバーの運営もできるんじゃないかな？　と思って、できる気になっちゃったんです。それでジュースバー「スカイハイジュース」をスタートさせました。

スカイハイジュース伊勢丹新宿店

――実際、日本でジュースバーをやってみてどうでしたか？

　最初の数カ月は反響がなく、誰も来ませんでした。しかし、一度メディアに取り上げられると大きな話題となり、雑誌関係者や芸能人、モデルが訪れるようになりました。ニューヨークやロサンジェルスではすでにジュース文化が定着していたため、ブームに火がつきました。数年で落ち着いたものの、変動はありつつも外国人のお客さまがけっこう来店してくれて助かっています。

セロリジュースのデトックス効果
実際の変化と挑戦

――満美さんは、『メディカル・ミディアム』や著者のアンソニー・ウィリアムさんのことをご存知でしたか？

　セロリジュースが流行し始めた頃、アンソニーさんの存在を知りました。今から5～6年前のことです。彼はテレビ番組に出演し、MCの体を手でスキャンして数秒で病名を言い当てる姿が話題に。4歳の時に初めてミディアムの能力を発揮し、祖母の病気を言い当てたそうです。彼は精霊から情報を得るといい、特にメディカル・ミディアムとして植物の精霊と繋がるというユニークな存在でした。

　この出会いをきっかけに、私は広尾店で予約制のセロリ

『メディカル・ミディアム
―セロリジュース―』
アンソニー・ウィリアム 著
ナチュラルスピリット
2,600円＋税

アンソニー・ウィリアム
メディカル・ミディアム（医療霊媒）。高位の精霊と会話ができるという特殊な才能に恵まれ、現代医学よりかなり進んだ健康に関する極めて正確な情報を聖霊から常に与えられている。メディカル・ミディアムとしての霊視の類まれな精度の高さと治癒の成功率により、世界中の多くの人々から信頼と敬愛を受けている。

デトックス効果で人気の「グリーンジュース」。ほうれん草、ケール、セロリ、きゅうり、リンゴ、レモン、ジンジャーをミックス。

ジュース提供を始めました。

しかし、日本ではオーガニックのセロリを手に入れるのが難しく、農家から直接仕入れることに。食材を探してくれるリサーチャーのような八百屋さんにお願いし、品質を厳しくチェックして数値まで確認してもらいました。そうして間違いのないオーガニックセロリを使えるようにしたのです。

当初、セロリジュースが受け入れられるか不安でしたが、外国人のお客様からの支持が大きな支えになりました。外国人のお客さまのなかには2年間飲み続けた方もいて、「体調がとても良くなった」と喜んでくださったことが印象的でした。

一方、日本人のお客さまからの反応はほとんどなく、日本での浸透にはまだ時間がかかると感じました。それでも、セロリジュースの良さを伝えたいと思って続けています。

——スカイハイジュースで人気メニューは何ですか？　またジュースを飲んで変化があった方などいらっしゃったら教えていただけますか？

当店の「デトックスDスムージー」（2、500円）は、アンソニーさん考案のヘビーメタルデトックススムージーをベースにしたメニューです。スピルリナ、大麦若葉、海藻、ブルーベリー、バナナ、フレッシュオレンジに加え、当店ではイースリーライブ社のブルーグリーンアールジーをプラスしています。高価ですが、特定のファンが定期的に来店されるほど人気があります。

SNSには多くのビフォーアフターが投稿されており、特に皮膚に悩みを抱えるお客さまが多く訪れます。肌の状態が深刻な方には、こちらから声をかけ「モニターとしてジュースを試してみませんか？」とご提案することもあります。

ある方は、肌がゾウのように硬くなり、灰色に変色。全身がカサブタだらけで、夜も痒みで2時間おきに目が覚めるほどでした。工場勤務で薬品を扱っていたものの、マスクや防護服がなく、肌が酷く荒れてしまったそうです。

モニターとしてさまざまなジュースを飲んでもらった結果、次第に肌が綺麗になり、植物の持つ力を改めて実感しました。しかし、ジュースを飲むことで毒素が排出され、一時的に体調が悪化する方もいました。その中の一人は症状が特に酷かったため、病院を紹介しました。腸内フローラを調べると炎症が多く、悪玉菌が増えすぎていることが判明しました。

医師の指導のもと、まずは腸の改善を目指し、メディカル・プロバイオテックを半年ほど摂取。さらに代替治療も試し、ある日突然、体調が劇的に回復しました。ご本人から「初めてゆっくり眠れた」と喜びの連絡をいただいたのを今でも覚えています。以前のゾウのような肌とは見違えるほど、健康的な肌色になっていました。

植物の力と音の波動で心身の調和を目指す新たな取り組み

――スカイハイは今年で14年目になるそうですが、今後の展望やチャレンジされていきたいことはありますか。

最近、サウンドヒーリングを始めたのですが、食べ物と音を組み合わせることで、回復が早まると実感しています。ビーガン食やジュースを続けると、自分や周囲のエネルギーに敏感になり、体と心が繊細になっていくのを感じます。

また、アダプトゲンを広めたいとも考えています。2年前、更年期障害で体調を崩し、立ち仕事が困難になった時期がありました。

しかし、アダプトゲンを摂り始めると、わずか4日で回復し、その効果の素晴らしさを実感しました。アダプトゲンは知性を持つといわれ、副作用がなく、必要なものを補い、不必要なものは増やさないという特性があります。そのため、ジュースよりも優れていると感じることもあります。

ハーブや薬草の一部がアダプトゲンとして分類され、伝統医学（アーユルヴェーダや中医学など）で古くから用いられてきた。

今後は、植物の持つパワーと音の力、そしてアダプトゲンの効果を多くの人に伝えていきたいと思っています。植物は人間をより良くするために存在し、私たちを正しい方向へ導いてくれるもの。昔の人々はハーブなどを活用し、薬に頼ることなく健康を維持していました。こうした自然の知恵を現代にも広めていきたいです。

さらに、アンソニーさんがインスタグラムで「香害（香りの害）」について言及していました。特に柔軟剤に含まれる化学物質は呼吸によって体内に入り、血液を通じて毒素として蓄積されるというものです。私自身も気になっていたことで、多くの人が知らずに影響を受けているのが現状です。こうした気づきを促し、より健康的な選択ができるようサポートしていきたいと思っています。

藤井満美　（ふじい・まみ）
日本のジュースバーの先駆け「Sky High」代表。元商業フォトグラファーとして活躍。多忙から身体を壊し、食と健康を見直していく中で、アメリカでローフードに関しての勉強をし、「Sky High」を創業。本質的で健康に効果があるオーガニックを目指した商品展開をし、農薬を使っていない素材を取り寄せ、可能な限りオーガニックな商品を提供することにこだわっている。2025年1月、東京都から石川県に移住し、アダプトゲンを学ぶためのプログラムの開発やサウンドヒーリングを取り入れた食と音の相乗効果での気づきの瞑想なども展開予定。そのほかにもヴィーガン向けの商品やセレモニアルカカオなど、心と体を健やかにする商品を取り揃えEC展開中。

スカイハイジュース
ウェブサイト

スカイハイジュース
伊勢丹新宿店
東京都新宿区新宿 3-14-1
伊勢丹新宿本館 2F
TEL 03-5357-7995
営業時間 10:30 ～ 20:00
定休日 年中無休

Sky High online shop
https://skyhighjuice.stores.jp

「水」にまつわる不思議な話

霊能者・梨岡京美

日々、見えない世界と見える世界を考察し続けている霊能者・梨岡京美さん。その中で見た、水にまつわる不思議な話とは……？井戸、住まい、龍神と、さまざまな側面から語っていただいた。

取材・文／真佳千史

井戸に隠された悲しい歴史

「井戸が濁る」

何年か前、北陸に行った時にそんな話を聞きました。井戸が濁ると、地震や津波が来るのだそうです。

地震の前には磁場が変動するのでしょう。昔は毎日井戸から水を汲んでいたので、水の変化にすぐ気づけました。テレビもラジオもない時代から、この地域の方たちは、こうして自然現象を検証し、大難を小難に変えてきたのです。

井戸については不思議な話が多いです。あるお客さんは、ご家族がことごとく水難事故に巻き込まれていました。「あっ」と思って仏壇の前で手を合わせたところ、もうぶったまげてしまいました。その家の先祖さんは、子どもができると「育てられないから」という理由で井戸に葬っていたんです。

昔はお金がなくて治療ができない、埋葬ができないという理由から、病気や亡くなった方を井戸に捨てていた家庭もありました。精神病や肺結核、ハンセン病など、臭いものには蓋、という形で葬られてきた方も多かったのです。

ある家では、中・高校生といった成長盛りのお子さんや、とても井戸を越えられないような小さなお子さんが、井戸に落ちるんです。霊視してみると、その家のご先祖さんも中絶した赤ちゃんを井戸に捨てていました。

そういう障りのある家に行くととても寒いのです。まるで氷風呂に入っているような芯から冷える寒さを感じます。

井戸水は、すなわち家系の血

使わない井戸があるなら、一番いいのは、風通しのいい蓋をしておくことです。老舗のお店に行くと、よく竹を編んだようなもので蓋をしていますね。あれがいいです。

「墓じまい」（本誌第17号参照）だけでなく「井戸じまい」にも注意が必要です。ある方は、家の周りを囲む犬走りをセメントで固め、そこにあった井戸まで固めてしまいました。昔は井戸水で洗濯したり、食べ物を洗ったりしていましたよね。井戸は命の源です。それを何も考えずに潰してしまったら障りが起こります。

しゅろ縄で編んだ竹製の井戸蓋。

　また、井戸水はすなわち家系の血です。いくら立派な仏壇を作っても、お稲荷さんを祀っても、井戸の水が枯れたら衰退します。

　ある男性から「妻がしきりに井戸のことを言うので、自分は関心がないけど一度見てもらいたい」と依頼を受けました。山奥のお宅でしたが、行ってみると、やっぱり井戸水が枯れていました。その方のお父さんは、きちんと水神さんにお参りしていたんですね。だから水神さんが教えてくれたのだと思います。

　井戸じまいには慎重を期すため、秘伝を使う必要があります。どうしてもお困りの方は直接ご相談ください。

水は命そのもの

　井戸水に限らず、水は命そのものです。雨が降ったら山から川へ水が流れ、またダムに雨水が溜まり、放水されて川から海に行き、そして蒸発して雲になり、また雨が降る……この循環は人間の血液やお金の流れと同じです。川の水が濁るように血液も濁り、川の水が枯渇するようにお金がなくなる。これが気の流れです。

　山に流れる川も、本流から分かれてちょっと脇に行くと、流れが滞っているところがあります。そういうところにはボウフラが湧いて虫がたくさん来ますね。人間も、血管がゴースト化したところは病気になるように、川が枯渇した土地も衰退していきます。

家に池はNG

　家に池があるのもよくありません。特に南側に池があると女性の方は病気になりやすいです。池の周りに置く石も、大きい岩を山から勝手に持ってくると、山で事故に遭い、亡くなった方の魂が憑いていることもあるので気をつけてください。自然のものだからいいだろう、というわけではないのです。池は、きちんとお祓いをして埋めるのがよいです。

　また、流行りの風水に影響され、「どの方角に水槽を置くと金運が良くなりますか」といったようなことを聞いてくる方がいますが……ちゃんと働いてお金を得ることが先です（笑）。

埋め立て地は要注意

　川や海、湖など、水の近くに住むことは、水害に巻き込まれやすいという現実的なリスクを考えても避けたほうがいいのですが、特に良くないのは沼地や沢です。

　ある青森のお客さんが「体調が悪くてなかなか回復しない」と言うのでお宅に行ってみました。すると何だかジメジメする。よくよく聞くと、一見平野でありながら沼地を埋め立てた土地だったんです。そういったところは水害や体調不良、幽霊が出る、などいろいろなトラブルが起き、空き家になることが多いんですね。

　高知の不動産屋さんが「何で、みな地元の人の話を聞かずに土地を買うのだろう」と不思議がっていました。引っ越しや家を建てる際、まず、地名に沼や沢、池が付いている所は避けたほうが無難です。ただ、今はイメージ戦略で地名が変えられているところもあるので、古地図を見たり、現地の人に聞いたりすると確実ですね。

　海の埋め立て地もよくありません。最近、芸能スキャンダルで問題になった大企業や、トラブル続きの空港も埋め立て地にありますね。これから海水が上昇する恐れがあることを踏まえても、埋め立て地には気をつけたほうがいい、と思います。いくら文明の力でうまく持っているように見えても、自然災害が起きたらひとたまりもありません。

対馬の金龍さんとの出会い

「霊査の古代史」の取材で天橋立の先の眞名井《まない》神社に行った時、水が噴水のように力強く吹き上がっているのが見えました。その上に水神さんが姿を見せてくれたんです。

それから、龍神さんと出会って一番感動したのは対馬です。それまでも白や黒、青い龍神さんは見たことがありました。でも金色は初めて。金龍さんは一番位が高いんですよ。それがいたるところにいる。海の神様・磯良《いそら》さんの姿も見えました。

日本三景の一つ、天橋立にある籠（この）神社は元伊勢とも呼ばれる由緒正しき神社で、その奥宮にあたるのが眞名井神社。

対馬は自然崇拝の土地です。本来、神様はお社ではなく、岩や木や水にいるもの。その考えを守っているから、神様たちがいてくださっているのでしょうね（詳しくは本誌10号～「霊査の古代史 対馬編」や書籍『霊査の古代史 海神編』をお読みください）。

「水神さん、龍神さんがいる」と、もてはやされているパワースポットもありますが、実際にはいないことが多いです。後付けのように作られたパワースポットは、自然にはとても敵いません。

また、YouTubeなどで「自分には龍神が憑いている」といった発信をされている方も多いですが、眉唾の方も多いです。龍神さんはめったに人に憑くことはありません。

朝一番の水道水に感謝を

繰り返しになりますが、水というのは命の源。水がなかったら大地は干からび、作物は実らず、生命も維持できません。

昔は井戸水を使っていましたから、今のように蛇口を捻ればすぐ水が出る、というわけにはいきません。無駄遣いしないように、寒い冬は凍らせないように、と、苦労がありました。だから自然と水神さんや龍神さんに手を合わせ、水を得られることに感謝していたんですね。

便利な世の中になりましたが、自然災害で水道が止まってしまっては、みな身動きひとつ取れません。だから、普段から朝一番の水に「ありがとうございます」と感謝してください。それが言霊です。水の「おかげさま」によって、生きとし生けるすべてのものに命が与えられます。水道の水であっても、朝一番に捻って出てきた水を神棚や仏さんにお供えする、そんなちょっとした心遣いを持ってほしいですね。

それがある意味、日常的な「岩戸開き」になるのではないでしょうか。

梨岡京美（なしおか・きょうみ）

1964年、大阪府生まれ。当代屈指の呼び声の高い霊能者。鴻里三寶大荒神社代表。6歳のときから霊能力が顕現し、22歳の頃から強まる霊能力に苦しむも、40歳を過ぎてから霊能の道に進むと評判が評判を呼び、相談が殺到。これまで悩める多くの依頼者の霊障問題などを解決してきた。現在、ナチュラルスピリットで不定期個人セッションも行っている。著書に『霊視の人 神事編』（ナチュラルスピリット）などがある。

梨岡京美公式サイト

UFOコンタクティーの川又さんが語る「水」とは

水に感謝する習慣が健康と幸福に繋がる

身体と心の健康を改善するための
ユニークなアプローチで施術を行っている川又淳一さん。
自身も波動水や特別な浄水法を取り入れ、
感謝の言葉をかけることで、水のエネルギーを意識的に
高め摂取しているという、その実践法をお聞きしました。

文／川又淳一（UFOコンタクティー）

——川又さんにとって「体に良い水」とは、どんな水ですか？

水は人間の体の基盤であり、健康の土台です。体の70％以上が水分で構成されており、子どもの頃はその水分がサラサラで健康的ですが、大人になると水分がドロドロになりがちです。それが代謝不良や疲労感、さまざまな病気の原因になることもあります。私の治療院でも、水分の質や摂取量を見直すことで患者さんの体調が大きく改善することが多いです。

過去にある患者さんが「お茶をよく飲む」と話していたんですが、詳しく聞くと純水は10年以上、飲んでいなかったのです。お茶は水分ではあっても「水」ではありません。水の代用にはなりません。人間の体は純粋な水で作られているため、良質な水を意識的に飲むことが必要です。

——水が体に与える具体的な影響について教えてください。

水は体内でさまざまな役割を果たしています。まず、細胞や組織の保湿を保つため、皮膚や髪のツヤ、筋肉や内臓の機能にも影響を及ぼします。

また、水は血液やリンパ液の流れをスムーズにし、老廃物や毒素を排出する役割を担っています。水分が不足したり、質の悪い水を摂取すると血液がドロドロになり、血流が滞ってむくみや冷え症、さらには心臓や腎臓への負担に繋がります。

さらに、脳や神経系の働きにも水は欠かせません。わずかな水分不足でも、集中力や記憶力の低下を引き起こします。逆に良質な水を適切に摂取することで、体全体の循環が整い、免疫力が向上し、病気を予防する効果があります。

——お茶ではダメなのでしょうか？

純粋な水と比べると、お茶では体に必要な水分を十分に補うことができません。また、ジュースやコーヒーなど糖分やカフェインが含まれる飲料は、かえって体内の水分バランスを崩す場合があります。純粋な水を摂ることが健康な体を維持する鍵です。

——川又さんご自身は水にこだわっていますか？

はい、もう亡くなられた方でニビル星から来たというおじいちゃんが作られたという特別な玉を浄水器の中に入れて飲んでいます。

それと量子エネルギーの物理学の先生が作っている波動水を割って飲んだり、意識はしていますよ。

——世の中ではさまざまな水が販売されていますが、どう向き合うべきですか？

重要なのは、ただ水質の良い水を選ぶだけでなく、水に感謝することです。ご存知の方もいると思いますが、水にも意識があるんです。空気にも土にも植物にも。なんでも意識を持っている。彼らに感謝の言葉をかけることで波動が高まり、体に良い影響を与える。飲む前に「ありがとう」「愛しています」といった言葉を水にかけると、良いエネルギーが体に浸透して健康効果が高まります。

水そのものの質だけでなく、心の在り方も大事なのです。

——ご自身も感謝の言葉を言ってから水を飲まれるんですか？

必ず飲む前に「ありがとう」と感謝の言葉をかけています。この意識が生まれたのは、過去にある展示会で体調を崩した時、偶然通りかかった水メーカーさんのブースで試飲した水が、一口飲んだだけで劇的に回復した経験がきっかけで意識するようになりました。それ以来、水の持つ力を強く信じていて、感謝の心を持つ大切さが身に付きました。

——水を通じて、地球や社会全体への感謝も必要ですか？

その通りです。水と空気が整えば、体の不調が改善されるだけでなく、心にも余裕が生まれます。そして、その感謝の心が周囲や地球全体に良い影響を与えます。水を大切にし、感謝する習慣を持つことで、健康と幸福が広がるのです。

川又淳一（かわまた・じゅんいち）
UFOコンタクティー・異次元フォトグラファーとして数々のエネルギー体宇宙船など不思議存在の写真を2万点以上撮影。子どもの頃より精霊とのコンタクトやタイムワープなど数々の不思議体験をする。経営する宇宙治療院では体の不調がある方のアストラル体を整え不調体質を改善する施療を行う。

Facebook　Instagram

古代から中国に伝わる神秘の存在、「太歳」とは

中国で、古代より、健康を守り長寿を実現する存在として知られてきた「太歳」について、『面相学』と『秘伝 盲派四柱推命』の著者である易海陽光さん（著者インタビューページ参照）に、その詳細を語っていただきました。

文／日本易経協会代表 **易海陽光**

新刊発売中!!

『秘伝 盲派四柱推命―伝統派と異なる秘密技法の基礎と実例―』
易海陽光 著
穆良軍 著
太玄社
2,500円＋税

健康・長寿をもたらす神秘の「太歳水」

人にとって最も大切なことは、お金や名声ではなく健康です。人類文明が始まって以来、世界中の人々は健康を守り、長生きするための方法を探し続けてきました。そして、多くの試みを重ねながら、難病を治療し、長寿を実現する手段を模索してきました。

しかし、現代の医療技術が発展しているにもかかわらず、治療困難な病気は依然として多く存在します。新しい時代においては、治療が難しい病気や新種のウイルスが次々と現れ、難病から逃れ、自分と家族の健康を守ることは現代人にとって重大な課題となっています。

そんな中、中国では古代より、健康を守り、長寿を実現する神秘的な存在として「太歳《たいさい》」が知られています。「肉霊芝《ニクレイシ》」とも呼ばれるこの存在は、歴史的文献にもその記述が残されています。

太歳の歴史的背景

中国の古典『山海経』では、太歳について次のように記述されています。

「地之所載、六合之間、四海之内、照之以日月、経之以星辰、記之以四時、要之以太歳、神霊所生、其物異形、或夭或寿、唯聖人能通其道」（訳：太歳は大地に孕まれ、天地四海の中で育つ。太陽と月に照らされ、長年、星々と四季の交替の中で自然のエッセンスを受ける。神霊がもたらすものであり、その形状はそれぞれ異なる。小さいものもあれば大きいものもある。その道理を知るのは聖人のみである。）

また、中国最古の薬学書である『神農本草経』では、太歳を次のように評価しています。

「肉霊芝、無毒、補中、益精気、増智慧、治胸中結、久服軽身不老」（訳：肉霊芝は毒性がなく、脾胃

の気を補い、体を活気づけ、知恵を高める。心血管の病気を治療し、長期間摂取すると体が軽くなり、老いを防ぐ効果がある。）

さらに、明代の医薬学者・李時珍の『本草綱目』では、太歳を次のように記載しています。

「肉芝状如肉、附于大石、頭尾具有、乃生物也。赤者如珊瑚、白者如脂肪、黒者如澤漆、青物如翠羽、黄者如紫金、皆光明洞徹如堅冰也。久食、軽身不老、延年神仙」

（訳：肉霊芝は肉のような形状をしており、大石に付着する生物である。赤は珊瑚のよう、白は脂肪のよう、黒は黒漆のよう、青は翠の羽のよう、黄は紫金のように見え、それぞれ透明感があり、硬い氷のような質感を持つ。長期間摂取すると体が軽くなり、老いを防ぎ、長寿を得て仙人のようになれる。）

これらの記述から、太歳は薬用や食用として高い価値を持ち、特に「太歳水」を飲むことで健康を守り、長寿を実現できるとされています。

太歳の生命力と現代研究

現代の研究によると、太歳は動物でも植物でもなく、菌類でもない「第四の生命形式」とされています。その再生能力は極めて高く、生命力も非常に強い特徴があります。１００度を超える高温やマイナス１００度以下の低温でも生存し、水がなくても生命を維持することが可能です。太歳を水に浸けると、その水は腐らず、長期間保存することで病気治療や健康維持、長寿効果がさらに高まるとされています。

太歳の重要な活用価値

１ 食品開発への貢献

太歳は高い抗腐敗物質を含んでいるため、食品添加物や防腐剤の開発に利用できます。

２ 健康サプリメントの可能性

強い生命力と環境適応性を持ち、免疫力を高める成分が豊富で、サプリメント開発に適しています。

３ 漢方薬としての活用

太歳は有機物や腐植質を吸収して自己修復する能力を持ち、地球上で最強の生物活性成分を含むとされています。そのため、漢方医学において上級の滋養品として研究価値が高いです。

太歳について興味をお持ちの方、さらに詳しく知りたい方は、一般社団法人日本易経協会までお問い合わせください。
https://japan-ekikyo.com

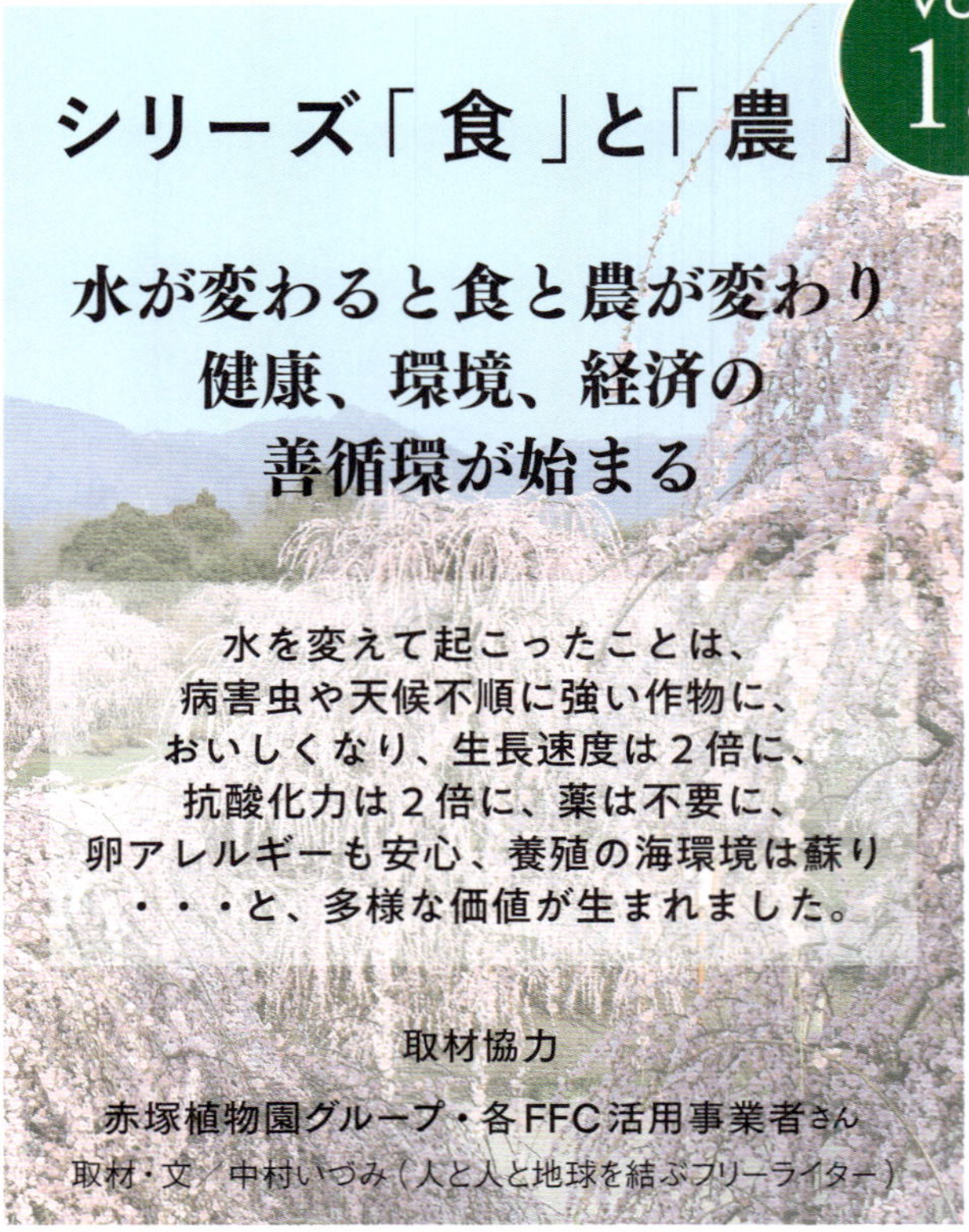

vol.15

シリーズ「食」と「農」

水が変わると食と農が変わり 健康、環境、経済の 善循環が始まる

水を変えて起こったことは、病害虫や天候不順に強い作物に、おいしくなり、生長速度は2倍に、抗酸化力は2倍に、薬は不要に、卵アレルギーも安心、養殖の海環境は蘇り・・・と、多様な価値が生まれました。

取材協力
赤塚植物園グループ・各FFC活用事業者さん
取材・文／中村いづみ（人と人と地球を結ぶフリーライター）

水を視点にした食農の技術 900以上の事業所で展開

毎日食べる食事には、気の遠くなるような長い歴史や先人たちの知恵が詰まっています。品種改良や種の保存など、さまざまな知識や生産技術は努力と労力の賜物です。

しかし、「水」を中心にした技術や知識体系はこれまで皆無に等しかったかもしれません。

三重県津市に拠点を置く赤塚植物園グループは、1961年に創業。㈱赤塚植物園からスタートし、ブラジルとハワイ、タイの海外の生産農場も運営。現在は㈱赤塚と㈱エフエフシー・ジャパンの国内3つの法人で、水の技術をベースにした事業を展開しています。

植物が元気に育つ水を研究し始めたのは1984年。動植物にメリットのある安定した機能を持つFFCウォーターの開発に成功しました。その取り組みや成果は口コミなどで広がり活用者も増え、現在確認されているだけで第一次産業から第三次産業に及ぶ事業所900カ所以上と、全国の一般家庭に幅広く普及しています。

海外メディアも注目しています。2024年12月発刊の『TIME』誌アジア版には、赤塚植物園グループの赤塚耕一社長へのインタビュー記事として、環境やあらゆるものへ影響する視点でこの水の取り組みが紹介され、最大50％の節水でも、同量の作物収穫が得られる研究結果なども紹介されました。

また、同時期のウェブサイトで掲載された『ニューズウィーク』日本版では、ある活魚店の生け簀にFFCウォーターの技術を使った結果、ヘドロの海だった海域からヘドロが減少し、姿を消していたアマモが復活したことが大きく取り上げられ、環境負荷の低減だけでなく、自然環境の再生に繋がる事例として着目されました。

水の技術を開発した背景には、赤塚植物園グループの創業者である故・赤塚充良さんの独創的なアイデアと社会貢献への信念に基づく園芸界での数々の功績がありました。

【FFCテクノロジーについて】

※本誌では「FFCの技術」などと紹介。

赤塚植物園グループが、水や植物、大自然の仕組みに学び、生命への鉄の重要な役割に関する広範囲な研究の末に開発した水の技術。

各FFC活用事業者さんが使っているFFC製品は、接触した水を改質する「FFCセラミックス」や「FFC元始活水器」、土壌中の水を改質する「FFCエース」、FFCの技術で作った堆肥「FFCバーク堆肥」、各活用事業者さんの裁量で食品の味向上などに応用される「清涼飲料水FFCパイロゲン」がある。

赤塚さんは1961年の創業と同時にサツキの大量生産を開始し、同業者への啓蒙活動も行って三重県をサツキの名産地に変えました。この功績などにより、後に三重県から功労賞を授与されました。

また、洋ランのメリクロン栽培に日本で初めて成功し、高品質なランの大量生産に成功。その結果、家庭でランの花が楽しめる新しい園芸時代の到来にも貢献しました。

赤塚さんは、1983年に中日農業賞で農林水産大臣賞と農林水産祭園芸部門で天皇杯を受賞、1991年に黄綬褒章を受章しています。1995年のNHK「にんげんマップ」には平成の花咲かじいさんとして紹介されました。著書の『不可能を可能にする人生論』(PHP出版)には、園芸業界を開拓した経緯とともに、FFCの技術で大冷害や干ばつ、赤潮被害を免れた養殖現場の事例など「水によって不可能を可能に変える」という新しい視点も描かれました。

【FFC セラミックスのアマモの生長への効果検証結果】

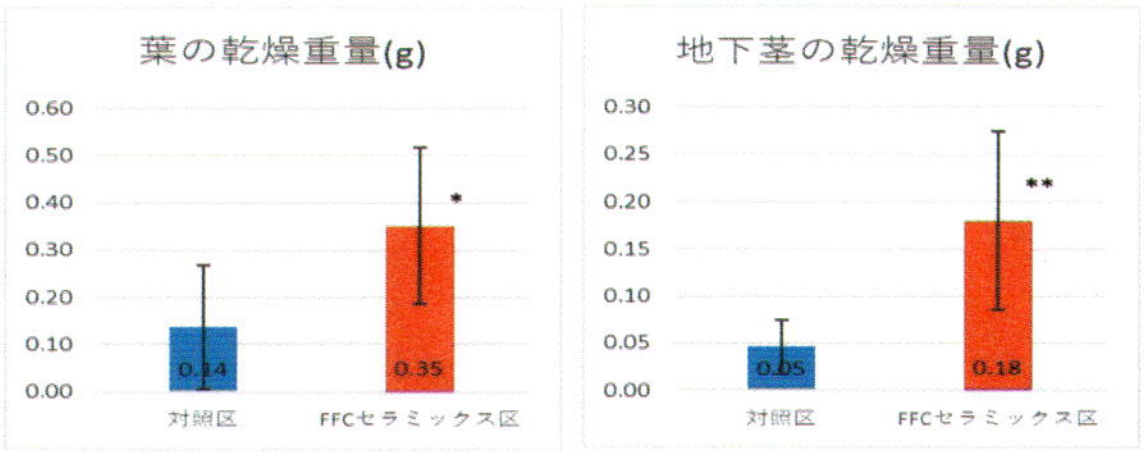

赤塚植物園グループ研究開発部が水槽で行った実験。培養120日目の葉と地下茎の乾燥重量（g）を比べた結果、対照区に比べて有意差が認められた。

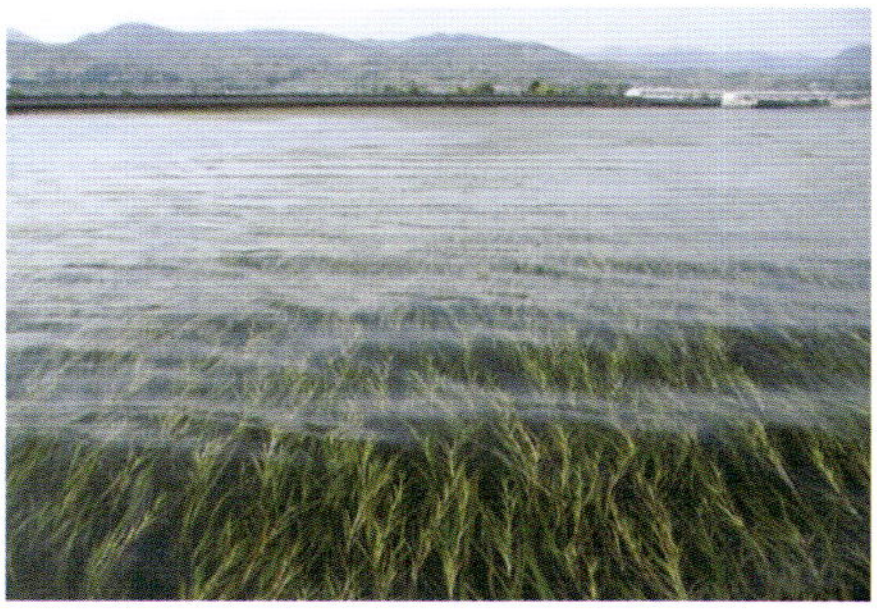

活魚店から流れ出した排水の海域でアマモが育ち繁殖範囲が拡大していった。

水の力で赤塚植物園の植物の生産技術も向上し、生長促進による作業効率化、生育期間の短縮によるコスト削減、また病気抵抗性増加による全面消毒の回避を実現。ハウス内の空気も爽やかになり、クモやヘビなども戻りました。水による可能性は、この技術を使っている全国各地のFFC活用事業者さんの現場で確認できます。いくつかご紹介していきます。

枯死率が約67分の1減に　オーガニック花栽培の極意

早期からFFCウォーターの技術に賛同したのが、樹木医の田中秀穂さんです。

田中さんは宮城県仙台市で㈱ガーデン・二賀地を経営し、公共事業から個人の庭園まで幅広く園芸事業を展開する中、30年以上前からFFCの技術を使ってきました。東日本大震災後に、有志の方々と「復興第一協力会」を立ち上げ、海岸防災林の植樹エリアの一部、総面積1・52ヘクタールに約1万4千本の黒松の苗の植樹を行い、FFCの技術を使いました。苗は社会貢献として地元の小学校の生徒さんたちが育成。根が紫外線の影響を受けないような鉢も工夫した結果、3カ月後には確認できた2300本のうち、7本しか枯れ

FFCの水の技術が花開く「鈴鹿の森庭園」は、日本の伝統園芸文化の一つであるしだれ梅の「仕立て技術」の存続と普及を目的とする研究栽培農園。日本最古の「呉服(くれは)しだれ」や梅の名木約200本に匠の技と歴史が受け継がれている。

2005年の愛・地球博のメイン会場に設置された巨大な緑化壁「バイオラング」に使われるミスト水に採用され、100種類以上の昆虫が飛来したことが大手新聞社の記事でも紹介された。

ませんでした。通常では20～30％の苗が枯れるのに比べて0・3％の枯死率という驚異的な結果が出たのです。また、8年後の2023年の生育状況は他団体に比べ、背丈が2倍に生育しました（写真）。

愛知県愛西市で長年ユリの花を無農薬で栽培しているミズノ・ソイルプロデュースの水野茂さんは、篤《とく》農家として高い評価を受けてきましたが、赤塚さんと出会い、水という視点に着目しました。FFC導入後、さらに葉の表面の光沢や花の生育状況が良くなり、日持ちや花の色も向上、すべての蕾が開くようになりました。球根にも殺菌剤ではなく、FFCウォーターを使って病気の発生を防いでいます。成功の秘訣は苗の定植前に行うFFCウォーターで、畑を水浸けしながらの太陽熱殺菌消毒です。水野さんはフラワーオークションジャパンのFAJオーガニック認証を受けています。これは有機JAS認証の基準を元にした制度です。

「FFCは基本の土作りをしてから活用することで、より高い効果が得られます。植物の生長に欠かせない窒素には、アンモニア態窒素と硝酸態窒素があり、硝酸態窒素の状態で吸収されれば、カルシウムなどの重要ミネラルも植物に吸収されやすくなるため、色艶良く食味の良いものができます。良い状態の土にはもともとアンモニア態窒素を硝酸態窒素へと変える微生物が存在していますが、FFCを活用すれば土中の微生物のバランスが整い、その力をさらに高めることができます。微生物の力が高まると、悪い菌が突出して増えることを防ぎ、結果としてある程度の病気の発生を防ぐことができます」

2023年、黒松の比較。左は他団体、右は田中さんたちが植樹した黒松。左の背丈が約2・5mに対し右は約5mあった。

長年培われたプロの目で、水の機能がどのように土づくりに効果的か解説しています。

「安心で優良な作物を作ることは、子や孫にも魅力的です。それは事業継承にも繋がるんです」と語る水野さんのお子さんも、現在一緒に仕事をしています。

水野さんは、全国各地をまわり、他のさまざまな農家の方々に、この水を使った土づくりのコツをアドバイスする活動も行っています。

病気を回避！農薬は半減！ 収量増加！抗酸化力2倍！

水野さんがアドバイスした農家の方で、山口県の観光農園「イチゴ屋けんちゃん」の田中健一さんがいます。FFCを導入した2年後に、病気での全壊を免れるという大きな出来事が起こりました。

隣の農家の同品種のイチゴの苗が萎黄《いおう》病にかかり壊滅状態になった時期、田中さんのハウスに定植した2万本の苗もすべて萎黄病にかかってしまいましたが、被害を4分の1程度に抑えることができたのです。以前に増しておいしさがアップしたほか、収量も安定し2025年は過去最高の収穫量を記録しています。

福岡県のイチゴ農園も、2010年よりFFCを導入し、土壌の柔らかさと根の張りが増し、立派な葉が育つようになった結果、病気の発生率が減少し、農薬の使用量が半分になりました。収穫量も年々増え、反当りの年間平均収量は約3tを超え、2018年には4・5t、2019年には5・8tを記録しています。

山口県の「ときつ養蜂園」は、9年前からFFCを使用し、2年目から現在に至るまで薬剤等を一切使わず、元気なミツバチを育てています。健康な蜂から採取されるハチミツは、体にやさしく奥深い味。治療家の方も高

【早坂農園の野菜】

上／ハウスの隅々までホウレンソウの背丈が揃って生長している。土壌すべてに作物が必要とする栄養分などが均等に行き渡っている証拠。
下右／みずみずしく育つ春菊。
下左／赤ちゃんのほっぺのよう」がセールスポイントの「プチぷよトマト」。

く評価します。自然と共生できる経営へのクラウドファンディングも行い、先進的な農業を開拓しています。

宮城県の「早坂農園」は、安全安心な野菜作りを目指し、FFCを導入して9年。ホウレンソウ、トマト、春菊、ソラマメ（季節限定）などを栽培しています。その結果、土が柔らかくなり、えぐ味のない肉厚のホウレンソウ、高品質の薄皮トマトが実ります。野菜嫌いの方にも好評で、特に春菊が苦手だった方から大好きになったとの声も届き、リピーターも年々増えています。

岐阜県で三町（2025年現在）の面積でトマトを栽培している㈱アグリストは、FFCを導入してから接ぎ木の活着率が向上し、収量も10〜20%増加、霜にも強くなり病気も減少しました。食味も良く、抗酸化力は平均値の2倍！　ビタミンCや糖度も平均値を上回りました。

このように、水が土を変えたことで作物が丈夫に育ち、味や栄養価も向上してさまざまな問題をクリアしています。

【（株）アグリストのトマトの生長比較実験】

FFC未使用の対照区（左）に比べて、FFC使用の試験区（右）は樹勢がよく葉の色が濃いのがわかる。

冷害や干ばつ、潮風害など異常気象への抵抗性も確認

水の力は、天候不順にも強い結果を見せています。

1993年に北海道や東北地方の記録的な冷害がもたらした米騒動は、外米の緊急輸入も行われるほど米不足になりました。

作況指数が50を下回ったところもある中で、FFCに取り組む東北の米農家の方々は、ほとんど被害を受けませんでした。その様子はCSテレビで放映されました。

岩手県二戸市の小松友枝さんは、ちょうどその年からFFCの活用を始めました。同地域も作況指数が著しく低いところもありましたが、「根の張りが良く、茎もしっかりして葉に勢いがあり、病気に負けない強い稲に育ちました」と、テレビのレポーターに応じました。

小松さんは、南部せんべいで全国的に知られる小松製菓をご家族で経営し、水田は先祖代々受け継がれているものだそうです。

記事の冒頭で紹介した樹木医、田中秀穂さんは、宮城県の海岸の植栽事業で土にFFCの技術を使い、乾燥防止に地表に稲藁《わら》を敷きましたが、干ばつにもかかわらず、敷き藁から落ちた種が自然に発芽し、1カ月後に稲が穂をつけていました。水のない地面でも生長した稲の命を引き出すFFCの底力に、ベテランの田中さんも驚きました。

黒松は丈夫に育ち、東日本大震災の時に隣の自然林が流される状況でも流されず生き残りました。このことでも防災林には黒松が最適だと再確認し、震災後の防災林の植樹にも田中さんは黒松を選んだのです。

また、山形県でFFCを導入して約25年の米農家は、2004年に庄内地域を襲った潮風害を受けても、例年並みか、それ以上の収穫がありました。

【オオムギうどんこ病への効果検証結果】

オオムギうどんこ病菌の吸器形成率（%）

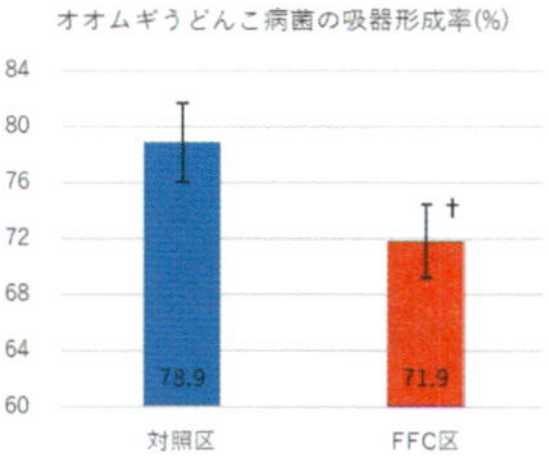

播種14日目のオオムギの地上部及び地下部の乾燥重量（mg）

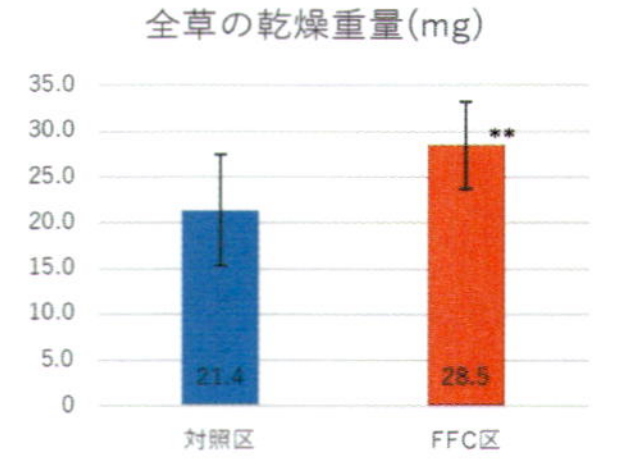

播種14日目のオオムギ。

オオムギうどんこ病のオオムギへの感染に対するFFC製品の効果実験。この実験の結果、FFC製品を栽培に使用したことでオオムギがより健全に生育し、オオムギうどん粉病菌に感染しにくくなったと考えられる。

同年同地域では、作況指数は過去のデータで2番目の低さで、品質面や収穫量で大きな被害が発生しました。

潮風害は、強風で潮が巻き上げられ、陸地の作物に付着し浸透圧の影響でその作物が枯れる被害です。発生後に撮影されたのが左写真です。稲作技術とFFCにより、稲は順調に生育することができました。

平成6年の大干ばつ（三重県）。未使用区のみ生育を阻害されている。

【潮風害を受けた水田の比較】

FFC使用の水田は稲が黄金色に実り収穫量も例年以上になった。

平成18年10月の初霜（北海道）。未使用区のみ凍結し、枯れ込んだ。

近隣の水田は穂に実が入らずに一面ススキ野原のようになってしまった。

アレルギーを起こしにくい卵 環境を改善する養殖の魚

FFCの応用は、畜産業や魚の養殖などにもさまざまな効果を上げています。

42年前から岡山県で養鶏場を営む「采女ファーム」は、自然光と風を取り入れる開放型鶏舎で快適な環境を整え、1998年からFFCの技術を導入。飲み水やエサに取り入れています。

その結果、夏バテせず、鶏の食欲も落ちずに産卵率が向上。鶏舎の臭いは軽減。卵の食味は良くなり、リピーターのお客さんが増え、アレルギーのお子さんも食べられるという噂が広がり、山道の自販機に買物客の車で列ができることも。TV番組「ザ鉄腕！DASH！」でも紹介されました。噂の真相は2009年に岡山大学農学部の学術報告Vol．98で明らかになりました。

ラットに市販の飼料を与えた区、市販の飼料に一般の卵を25％添加した区、市販の飼料に采女ファームの卵を25％添加した区で、比較実験した結果、采女ファームの卵を加えたエサを食べたラットでは、血中の好酸球数と小腸組織の肥満細胞が低下した結果が出ました。

采女ファームの卵は、即時型アレルギーの発生に直接的に関与する脂肪細胞と好酸球の誘導や増殖が起こりにくいと考えられ、アレルギーを引き起こしにくい一因があると報告されました。

真鯛の養殖と加工品を製造販売

する愛媛県の水産業者さんは、25年前にFFCを導入し、無投薬の養殖に成功しました。導入以前は、薬剤を使っても平均で30〜40％の死亡率がありましたが、導入後は1％以下を維持できました。

さらに導入後約2〜3年頃から排水溝から流れる水に沿うようにして海の環境に大切なアマモが生え、また愛媛県で準絶滅危惧種のコアマモが生え、より広範囲に広がったのです。

鯛の身も引き締まって美味しくなり、加工場の衛生環境も向上しています。現在は創業者がご高齢になり養殖業は縮小しています。

養殖場の周辺環境は、薬剤などの影響で悪化することも知られてきましたが、水の力で海の環境が蘇る事例は他の養殖場などでも見られます。

年齢の壁を超えた働き方 食と農のユートピアの世界

以上のような活用事例は、さまざまな問題解決にも朗報です。

これまでの大量生産型農業では、肥料の副作用として、亜酸化窒素ガスの増加による温暖化や水の汚染、病虫害の発生原因リスクなどがありましたが、水の視点が加われば、生長促進、収穫量の増大、天災や病虫害への抵抗力と薬剤の軽減によって副作用が減らせます。作る人や食べる人の健康効果も期待でき、年齢を経ても現役で生き生きと頑張れる農業者の可能性も見えてきます。

岐阜県でイチゴ栽培歴60年の福地京子さんは、約20年前にFFCを導入しました。

「このイチゴなら食べられる」と病弱の方にも好評で、リピーターが増え直売がほとんどです。最低限の農薬を撒きますが、空気の淀みも消え、訪れる人も「ハウスの中は楽になる」と言います。福地さんのご主人は会社退職後、イチゴ栽培に勤しみ、現在90才です。長年FFCを導入してきた方々は働く年齢の壁を越えています。

水の開発者赤塚充良さんは、「ユートピアファーム構想」も提案しました。生涯現役で元気に働ける農業施設です。実際に本社の隣に社会貢献の提案事例としてモデルファームを作りました。

赤塚さんが目指したのは、「健康、環境、経済の善循環」です。これまでの社会は経済発展の裏で健康や環境が脅かされました。

しかし、水の技術で川上から川下まで善循環を起こせば、そこから得られるのは、さまざまな価値の共有です。善い価値が生まれ、そこからさらに善いことが起こり……と次々と循環していきます。多くの命が共生できる安全安心な食と農の世界も見えてきます。

水の技術で薬を使わない 安全安心な食品加工への可能性

■ 東京都大田区の自然食品店「斎藤商店安田屋は、早稲田大学出身の二代目社長・斉藤光彦氏が約30年前にFFCを導入。FFC活用の産物を全国から取り揃える一方、水の技術を応用した手作りのお惣菜を作っています。保健所の抜き打ち検査でうどんやひじきなどの一般細菌数は検出限界以下になり、薬の過剰投与などを疑われたこともありましたが、奇跡的な衛生環境に貢献したのは水だけでした。薬や添加物は不使用です。魚や肉は臭みが取れ揚げ物の油は酸化しづらく、美味しく日持ちのよいお惣菜を求めるお客が絶えません。

■ 岡山県の小幡商店さんも、2000年にFFCを導入してから、絹豆腐などの一般細菌数が製造当日から1週間経っても10個以下という驚異的な数値を記録し、排水環境も改善。油汚れやステンレス台の錆が取れるなど施設のメンテナンスも向上しています。同様の事例は、野菜カット工場や様々な食品加工業でも見られています。食の生産現場の川上から消費者の川下まで水の力は安全安心、メンテナンス効果などによるコスト削減、排水環境の改善をももたらします。

《活用事業者さんの製品紹介サイト》

FFC紹介広場
https://www.ffc-japan.co.jp/catalog/

愛菜連
https://aisairen.com/

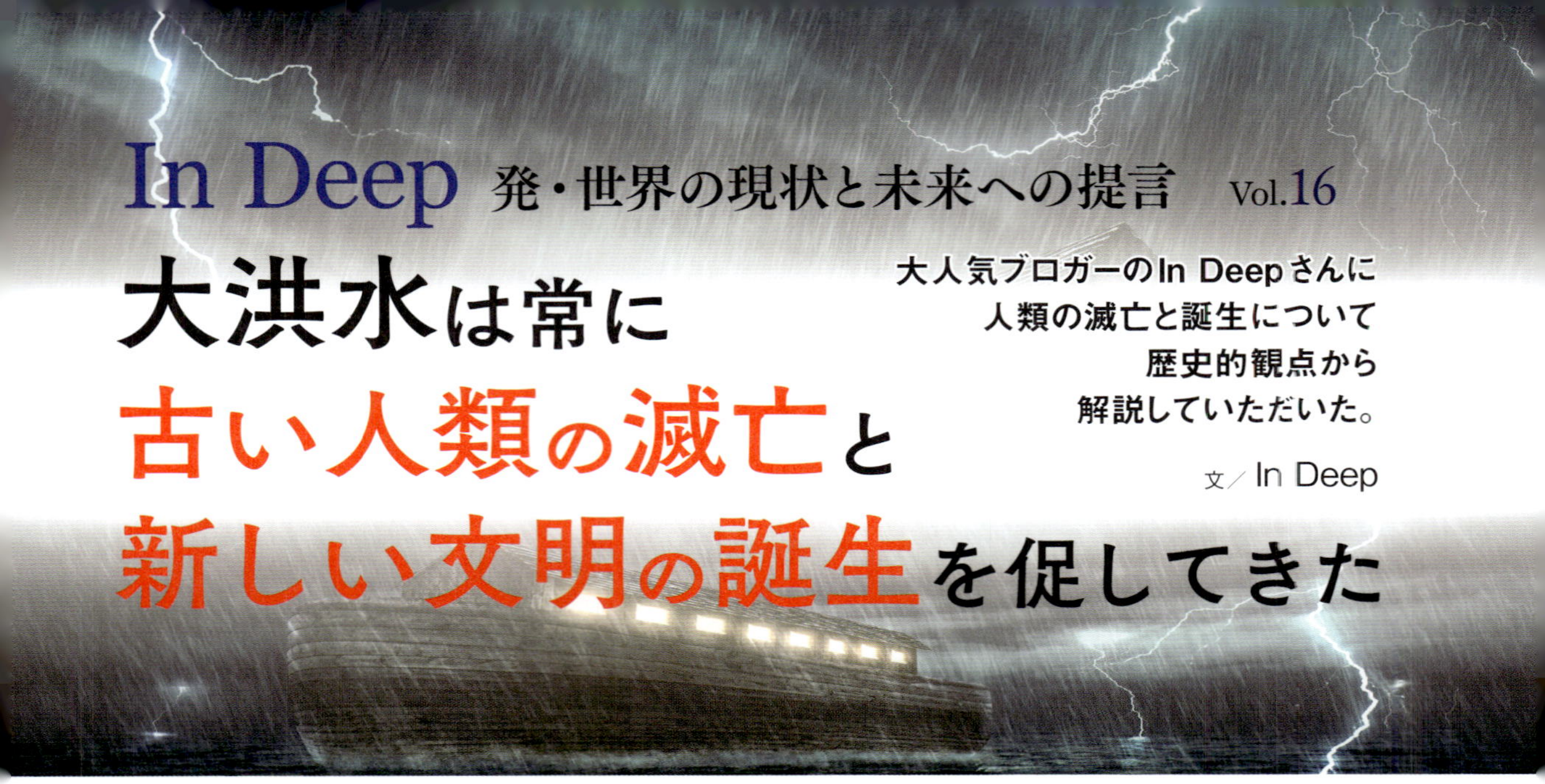

In Deep 発・世界の現状と未来への提言 Vol.16

大洪水は常に古い人類の滅亡と新しい文明の誕生を促してきた

大人気ブロガーのIn Deepさんに
人類の滅亡と誕生について
歴史的観点から
解説していただいた。

文／In Deep

世界中で増え続けている洪水

今号のテーマは「水」だとご担当者様からお伝えいただきました。

水というと、いろいろな概念を思い出しますが、この「岩戸開き」の連綿としたテーマの中には、「新しい世界の始まり」という考え方が含まれていると認識しています。その概念の一端としての水という存在もあったなあ、と思い出しました。水といっても、この場合は洪水のことなのですが。

ルーマニアの宗教学者であるミルチャ・エリアーデという方の『世界宗教史』という著作に、次のような下りが出てきます。

> 洪水の原因は人間の罪であると同時に世界の老朽化であることが確認される。宇宙は、生存し、生産するという単なる事実によって、しだいに退化し、ついに衰亡するのである。これゆえに、宇宙は再創造されなければならないのである。
>
> 言いかえれば、洪水は新しい創造を可能にするために「世界の終末」と罪に汚れた人間の終末を大宇宙の規模で実現するのである。

洪水そのものは21世紀に入ってから世界中で非常に増えていまして、少し古い論文ですが、２０１３年の米ジョンスホプキンス大学の科学者たちによる研究では、洪水は、１９８０年代の後半に唐突に増え始め、その後、ほぼ一貫して増え続けています。

この研究によれば、１９８０年から２００９年までの間に全世界で洪水で亡くなった人の数は、53万人を超えていました。この調査以降も、つまり、２０１０年から現在に至るまでも、洪水の報道の数だけを比較しても、さらに壊滅的に洪水は世界中で増えています。

昨年も洪水は大変に多かったのですが、たとえば中国では、２０２４年の上半期だけで「自然災害による損失額が2兆円を超えた」と、公式に報告されていましたが、その多くが洪水によるものでした。

自然災害による人的被害や経済的被害というと、地震を真っ先に思い浮かべられるかもしれないですが、経済的被害だけでいえば、洪水の占める割合は大変に大きいものです。たとえば、ドイツ最古の工業大学であるカールスルーエ工科大学が２０１５年に発表した論文にはこう書いてあります。

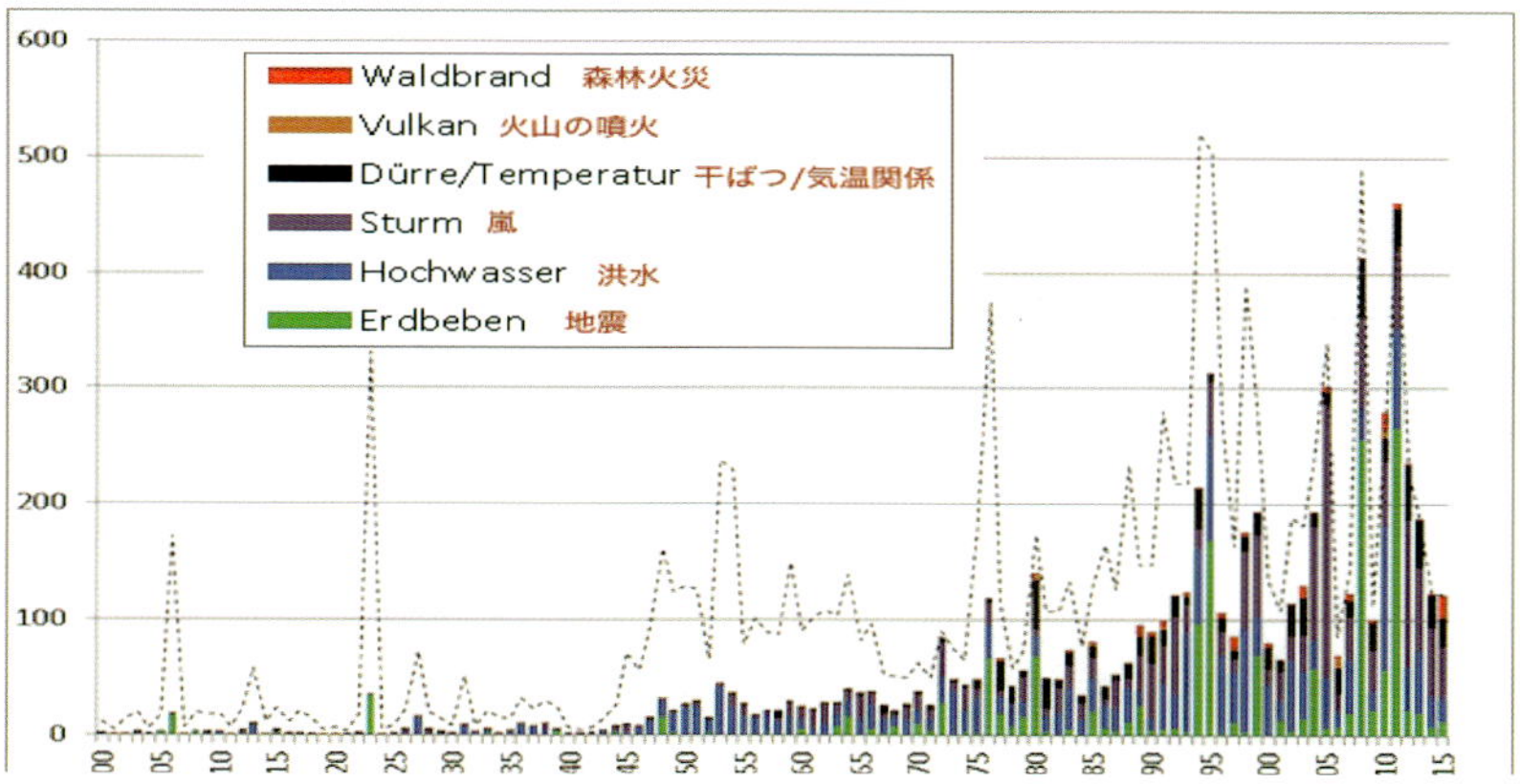

1900年～2015年までの自然災害での経済的損失の推移（米ドル）

1900年から2015年までの自然災害による経済的損失の約3分の1は、洪水により引き起こされており、洪水による経済的損失の度合いは大きい。

これはすべての自然災害の中での割合であり、つまり地震や台風、ハリケーンなどの暴風雨、干ばつ、高温、山火事や火山の噴火などを含めたすべての自然災害の中で、洪水は経済的損失の大きな割合を占めているのです。

ちなみに、そのカールスルーエ工科大学の論文に示されているグラフを見ますと、過去数十年の中で、どれだけ自然災害による経済的な損失が拡大しているかがわかります。

大洪水は古い文明を滅ぼし、新しい文明を生み出したのかもしれない

これが今後も続くのかどうかはわかりませんが、この数年の自然災害の状況を見ているだけでも、まだまだこの傾向は続くか、あるいは「加速していく」可能性は高いと思われます。気温にしても、降雨状況にしても、以前とはまるで異なる環境となっているわけですから、自然災害が増えていくことは、ある意味、必然ともいえます。

洪水は確かに増えていますが、しかし、今のところ「世界の終末」といえるような大洪水は、ここ何百年（あるいは、それ以上）起きていないように思います。それでは、過去にはどんな壊滅的な洪水があったのかという話になりますと、激しい過去があったことがわかります。

なお、科学的にわかっている中で最大の洪水は、中国で起きたと判断されています。2016年に報じられたものですが、この時の洪水の水位は「38メートルに達していた」ことがわかっています。当時の報道から抜粋します。

中国・伝説の大洪水、初の証拠を発見　文明史書き換えか

AFP通信　2016年8月5日

中国の黄河で4000年前に大洪水が起きたことを示す初めての証拠を発見したとの研究結果が発表された。この大洪水は、夏王朝とその後の中国文明の誕生につながったとされる。

米科学誌サイエンスに発表された研究結果によると、大洪水が発生したのはこれまで考えられてきたよりも数百年遅い紀元前1920年。これは、禹王による夏王朝樹立の時期が通説よりも遅かったことを意味し、この発見により歴史が書き換えられる可能性がある。

地質学者からなる研究チームは、青海省の黄河に沿って調査を行い、土砂崩れによってできた天然ダムの名残や、せき止め湖や突発的洪水で生まれた堆積物を調べた。その中で、過去最大級の大洪水があったことが示された。その際の水位は、現在の黄河よりも38メートル高い位置まで上昇したという。

紀元前2000年頃に、この想像を絶する大洪水が発生し、中国のその時の文明は「いったん消えた」のでした。そして、この大洪水の後に、新しい文明が生まれたのです。

この洪水のことかどうか正確にはわからないですが、中国の歴史書に、夏《か》王朝（紀元前2000年頃〜1500年頃）の時代にすさまじい大洪水が起きたことが記されています。『史記』から、その概要をまとめてみます。

> 帝堯の治世に「鴻水天に滔る」状態であったため、鯀を治水に当たらせたが、九年経っても「水は息せず」、治水に失敗した鯀は処刑された。
>
> 鯀の子の禹が後を継いで治水にあたり、左手に測量縄を持ち、右手に定規を持って各地を巡り、十三年かけて治水に成功した。

ここに「9年経っても治水しなかった」とあり、「13年かけて、やっと治水に成功した」とありますように、正確な状況はわからないながらも、10年以上かかって、やっと水が引くという非常に大規模な洪水が中国の古代王朝を襲っていたことがわかります。

このような洪水伝説は世界中に残されていて、そして、やはり「大洪水を契機として新しい文明が生まれた」とされている神話などが多く残されています。シュメールの神話では、洪水の発生年は確定的ではないですが、やはり紀元前の今から数千年前に大洪水が起き、その大洪水の後にシュメール王朝が成立したといわれています。

ノアの方舟の伝説は有名ですが、旧約聖書『創世記』の大洪水はこのような記述です。

> **『創世記』　7章17〜19節**
>
> 洪水は四十日間、地上で続いた。水は増して箱舟を押し上げ、箱舟は地上から浮かび上がった。水はみなぎり、地上に大いに増し、箱舟は水の面を漂って行った。水は地上でますますみなぎり、天の下にある高い山々はすべて覆い隠された。

聖書は歴史書ではないですので、先ほどの史記などとは意味が違いますけれど、ここには「雨が40日間降り続けた」ことや、「地上の高い山々はすべて覆い隠された」などが書かれており、これも非常に水位の高い大洪水だったことが想像できます。

ギリシア神話にも、二つの大洪水と、それに伴う人類滅亡伝説が記されています。「王の洪水」は「銀の時代」を終わらせ、「デウカリオーンの洪水」は「青銅の時代」を終焉させた、とされています。

この「銀の時代」とか「青銅の時代」というのは、古代ギリシアの伝聞によれば、地球にはこれまで五種類の種族（五種類の人類）がいた歴史があり、古代ギリシアから今の私たちの時代に至るまでの時代は、「鉄の種族」の時代なのだそうです。

この数千年は、私たちを含めてずっと鉄の種族ということで、その前の種族は、黄金の種族、銀の種族、青銅の種族、英雄の種族だったのだそう。このあたりは、古代ギリシアの吟遊詩人であったヘシオドスの『仕事と日』という著作に書かれています。

余談ですが、ヘシオドスによれば、古代ギリシアから現在まで続く「鉄の種族」つまり私たちは、これらの中で「最も劣った種族」であり、そして、古代ギリシアで伝えられるところでは、鉄の種族が「どのように滅亡していくか」も描かれています。鉄の種族、つまり私たちがどのように滅びていくかについて、ヘシオドスは以下のように書いていました。

ヘシオドス『仕事と日』
「五時代の説話」より鉄の種族の説明

かくなれば、私はもう、第五の種族とともに生きたくない。むしろ、その前に死ぬか、その後に生まれたい。今の世は、すなわち鉄の種族の代なのだ。

昼も夜も労苦と苦悩に苛まれ、そのやむ時はないであろうし、神々は苛酷な心労の種を与えられるであろう。さまざまな禍いに混じって、なにがしかの善きこともあるではあろうが。

しかし、ゼウスはこの人間の種族をも、子が生まれながらにして、こめかみに白髪を生ずるに至れば、直ちに滅ぼされるであろう。

これがヘシオドスによる、現在の人類の描写です。「昼も夜も労苦と苦悩に苛まれ…」あたりのくだりは、全く今の人類そのものですが、かつての人類というのは、こういうものではなかったと、この吟遊詩人は述べていました。

話が逸れたついでに、この五種族の中で「最高の存在」とされた「黄金の種族」について、説明してみたいと思います。

オリュンポスの館に住まう神々は、最初に人間の黄金の種族をお作りなされた。これはクロノスがまだ天上に君臨しておられたクロノスの時代の人間たちで、心に悩みもなく、労苦も悲嘆も知らず、神々と異なることなく暮らしていた。

惨めな老年も訪れることなく、手足はいつまでも衰えず、あらゆる厄災を免れて、宴楽にひたっていた。

死ぬ時はさながら眠るがごとく、あらゆる善きものに恵まれ、豊沃な耕地はひとりでに溢れるほどの豊かな稔りをもたらし、人は幸せに満ち足りて、心静かに、気の向くにまかせて田畑の世話をしていた。

鉄の種族とはえらい違いですが、神話的には、こういう素晴らしい人類がかつていたと。

ともかく、神話的にも現実的にも、時代を追うにつれて、私たち現在の人類はより多くの自然災害を経験するようになっており、そして今後はさらに増えていくとみられます。その中には、かつて現実にあった大洪水も含まれるのかもしれません。40日間も雨が降り続けるようなことが起きるのかもしれません。

今回は、ドイツ生まれでカナダ在住の作家であるエックハルト・トールという方の著作『ニュー・アース』より抜粋して締めさせていただきます。私も今はこういう時だと思います。

人類はいま、進化するか死滅するかという重大な選択を迫られている。

古い生き方や相互関係、自然との関わりがうまくいかなくなり、根源的な危機が起こって、どうにも解決不可能と見える問題によって生存が脅かされると、個々の生命体……あるいは種……は、死ぬか、絶滅するか、進化の飛躍によって置かれた条件の限界を乗り越える。

生存を脅かす根源的な危機に対処する……これがいま、人類に突きつけられた課題である。人間の心の構造が変化しなければ、私たちはいつまでも基本的に同じ世界を、同じ悪を、同じ機能不全を繰り返し創造し続けるだろう。

In Deep
いん・でぃーぷ
北海道出身。明治大学経営学部中退。2009年頃から世界の情報と展望をブログ等で発信している。それ以外の経歴は、基本的に非公表としている。

ブログ：地球の最期のときに
http://indeep.jp/

松村潔の多次元意識探求

第18回 原初の水ヌンは境界線を曖昧にする

アルクトゥルスと原初の水ヌン

リサ・ロイヤルは、銀河の中にいるさまざまな種族を、スープの中の具だとすると、具のすべてに触れているスープがアルクトゥルスだと説明した。

私はこの説明が好きで、7つのコスモスの、上から三番目の第三マクロコスモスにおいて、アルクトゥルスはエジプト神話でいう原初の水ヌンに照応するということだ。ヌンは、自身の力によって創造神アトゥムを産んだが、これがさまざまな宇宙種族のことであり、カスタネダの著作の中では、ヌンは海のナワール、アトゥムは島のトナールともいえる。海は永遠だが、島は一時的で、できたり消えたりする。

このヌンとしてのアルクトゥルスは、その力が強すぎてしまうと、煮すぎたスープの中で具が溶けるように、たくさんの星系の種族が溶解してしまう。ということは、アルクトゥルスは第三マクロコスモスに拠点があるのでなく、その上の第二アヨコスモスにあり、恒星意識、すなわちアートマン、マハットを作ったり消したりするということだ。

食い込み合うフラワー・オブ・ライフ

占星術的に考えると、黄経で、アルクトゥルスとスピカはとても近い。スピカはフラワー・オブ・ライフを示しているのだが、このフラワー・オブ・ライフの図は、ひとつの円をひとつの星系種族とみなした時、いくつかが食い込みあっている。ひとつの円に対して、平面としては6つの円が食い込み、また円でなく球体と考えた時には、8つの球が食い込んでいる。

フラワー・オブ・ライフも神聖幾何学であるが、私はいつも神聖幾何学は、空間的に描くのでなく時間線で書くべきだと言っている。つまりフラワー・オブ・ライフの円はタイムラインであり、タイムラインは、空間的な描画のように、正確な円形でなく、伸びたり縮んだり曲がったりする。時間が動いているのでなく、人間が時間の中を歩いているのだというホゼ・アグエイアス説のように、フラワー・オブ・ライフの食い込み合う円、すなわち干渉し合うタイムラインは、歩く人の動き次第。きれいな円になっておらず、握りつぶした針金のような、あるいはいかなごの釘煮のようだ。この屈折したタイムラインを渡り合うのは難しい。

タイムラインが接触した場所をネクサスポイントというが、それは特異点であり、ひとつのタイムラインの持つ法則が崩れてしまう場所だ。

アルクトゥルス・スピカ視点でみると自分像が激変する

アルクトゥルスは具の輪郭を作ったり壊したりするので、スピカのフラワー・オブ・ライフがここまで複雑でよくわからないものになったのは、アルクトゥルスのせいだ。

　このアルクトゥルス・スピカに自我の中心を置いて、過去の人生について逐一思い出してみると、幼少期から、さまざまな場所に異なるタイムラインの干渉地点があり、つまり次元の破れ目があり、人生とは最初から破れかぶれ、危険だらけの旅のようなものだ。誰でも、アルクトゥルス・スピカ視点で思い出すと、亀裂がたくさん。過去の思い出を詳しく書く瞑想法があるが、アルクトゥルス・スピカ視点で書くと、今まで想像もしなかったような全く異なる思い出の羅列と、またそれによって自分像も激変する。夢の中で、町が半分以上浸水しているとか、壊れかけているとか見たことはないだろうか。そして裂け目から異次元存在が頻繁にやってくる。多くの人がこんな人生なのに、まるで一本のタイムラインを歩いてきたかのように思い込んでいるのは、おかしな話だ。これは知覚の隠蔽だ。

　私は今『可変サイドリアル占星術』という本を書いている。ぼちぼち、今書いている「北斗七星編」が終わるので、すると次は「アルクトゥルス編」になる。水爆弾が起点のシステムとは、いったいぜんたいどうなってしまうのか。その側には、具が食い込み合って、錯綜するフラワー・オブ・ライフのスピカがある。

　リサ・ロイヤルは、人が死ぬ時に、痛みを和らげるためにやってくる天使とはアルクトゥルスだと言っているが、ひとりの人の人生をきっぱりと輪郭を持ったものと思い込むと、死の際には、この輪郭が壊れていく痛みと恐怖がある。しかしアルクトゥルスはこの強固な輪郭を溶かしてしまうので、結果的に、それは死の恐怖と痛みを緩和することになる。つまり自分に対するしがみつきから、早めに手を放してもらうように促すということなのだ。死は恐れるものというよりは、幽閉からの救いだ。

　それは死後の世界に、だらだらと繋がってゆき、間の落差というものをあまり感じない。干渉し合うタイムラインを考えると、今の人生の死というのはいったい何？ということにもなる。アルクトゥルス・スピカ型人生とは、最初から複数の人生を歩み、その境界線の死が、レースのカーテンのように薄い。私はこれを幸せなことだと思う。原初の水ヌンは境界線を曖昧にする。

松村潔

まつむらきよし／1953年生まれ。占星術、タロットカード、十牛図、エニアグラム、ライフシンボルなど、いくつかの手法を活用して講座・研究会などを開催。アカシックリーディング等でも、タロットカードや占星術を併用すると安定性が高いという考えから、ツールの複合性を提案している。『わたしの運命がわかる地球星座占い』(角川書店)、『ディグリー占星術』『三次元占星術』(以上、説話社)、『土星占星術講座』(技術評論社) など著書多数。
公式HP：https://www.tora.ne.jp/

**『七つのコスモス
プロトコスモスから
ミクロコスモスまで
ー極限の宇宙哲学ー』**
松村潔 著
ナチュラルスピリット
1,700円+税

初対談！

環境活動家・著述家
山田 征さん × 白鳥 哲さん
映画監督・俳優・声優

光と闇の真の統合とは？ ～岩戸開きの始まるとき～

2025年1月18日、白鳥哲監督の『LAST HOPE』上映会と白鳥監督と山田征さんのトークイベントが行われました。ここでは、当日語っていただいた二人の熱い思いを紹介します。

取材・文／編集部

激変している地球環境

――今の地球について、お二人の認識を教えてください。

白鳥　かなり厳しい認識を持っています。三つのファクターがあるのですけれど、一つ目は生物の個体数。２０２４年の「生きている地球指数」によると、１９７０年からの50年間で個体数が73％減少したとのことでした。それが２０２２年には69％になってしまった。２年間でものすごい数の生物種がいなくなったということです。生命が多様であればあるほど地球の生態系は保たれていくのですけれど、それがどんどん減少していっているという事実があります。

二つ目は森林の減少による砂漠化です。たとえばブラジルは熱帯雨林が大半を占めていますが、国策でどんどん放牧を奨励しています。その資金を出しているのは世界銀行、国際銀行家です。そして大量に伐採していくことで助成をもらうので、不正業者がはびこってしまっている。その過程でアマゾン川で金が採れることがわかったのです。業者たちが占拠して、金を採取するために水銀を使うのです。その水銀が下流に流れて、原住民の方々が水俣病状態になっている。

そして三つ目は、海の中。海中のサンゴが死滅しています。その数は7割以上。また、海藻類が減少しています。海藻類は雲を作る硫化ジメチルを放出し大気を作る大切な生命なのです。これらは私たちが大量に放射能やプラスチックを海に流すことで起きているのです。それも、我々が考えるスピードをはるかに超え始めている。

山田征さんは、もともと子どもたちに健康な食をということで、わざわざ産地にまで行かれたのですよね。健康な食材を選ばれるなど、そういう活動を始められて、地球環境の激変に気づかれるようになったのだと思うのですが、いかがですか。

山田　そうですね、私がまだ30代の若い頃、まず取り組んだのが合成洗剤のことでした。続いて生命を繋ぐのに不可欠な食と農の問題です。私がまだ子どもの頃の農業では使われていなかった化学肥料や農薬、そして食品添加物などがいつの間にかごく普通に使われるようになりました。結果、まずさまざまな健康被害を受け始めたのが農家の人たちです。そしてそういう物が使われて作られた物を食べる私たち消費者の中に、それまではなかったいろんな健康被害が出始めました。

30代といえばまさに子育て真っ最中ですから、「人の生命を繋ぐとても大切な食べ物が、安全でおいしい物であってほしい」と思って、そういうお米や野菜を作ってくれる農家さんと手を組みました。その延長線上で娘たちの通っている学校の給食の食材を次々と安心できる物に切り替えていきました。魚や牛乳、パン以外の約7～8割の食材を約17、8年、ひとりで運び続けました。その頃娘たちが通っていた小学校はマンモス校で、約千二百食の食数でしたから少々大変でしたが、私としてはとてもやりがいのある楽しいものでした。

話は戻りますが、その農薬や化学肥料というものは、もともとは戦時中、生物兵器、化学兵器として開発され、戦後、平和利用という形で私たちの日常生活の中に入ってきたものです。原子力発電も、もとは核兵器の原爆です。戦時中殺戮兵器だったものを日常生活の中で使い始めたことで、一気に食糧増産が可能になり、医療面の進歩も重なって、地球上の人口は瞬く間に増えていったのだと思います。そしてそれが今では大きな問題になっていて、『ＬＡＳＴ ＨＯＰＥ』に繋がっていると思います。

白鳥　そこから地球環境について逐一認識されるようになられたのだと思います。今の地球について、征さんはどのように認識されていらっしゃいますか。

山田　そうですね、私は何かの専門家という者ではありませんが、ここ数十年、全国各地、北から南まで日常的に小さな講演の旅を続けていますが、行く先々の田んぼや畑、海や川、山々の様子などの自然環境を具体的に自分の目で見たり聞いたりすることができています。最近は海外に行くことはほとんどなくなりましたが、結果として、今この自然界はとんでもないことになってしまっているな、ということをしっかり身に染みて肌で感じています。

国連本部にある環境サミットは二つあって、「気候変動」についてのものは毎年、「生物多様性」についてのものは2年に一度行われています。この地球上には約三千万種が存在していたといわれていますが、先ほど白鳥さんが話されましたように、２０２２年のサミット(ＣＯＰ15)の時にこの地球の生態系の69%が失われたという数字が出され、昨年のサミットの時に73%が、ということになってしまいました。本当に大変なことです。２０２１年にノーベル賞を取られた真鍋淑郎さんが、この先の地球は全く雨が降らずに干ばつに苦しむ地域と、雨が多すぎて洪水などで困る地域に大きく分かれていくだろう、とその授賞式の席で話されていましたが、今の地球はその通りになっていると思います。特に今、海というか、水の中のものが極端におかしくなっています。

導かれた二人の出会い

――白鳥監督は映画『ＬＡＳＴ ＨＯＰＥ』の中で、なぜ山田征さんの言葉を紹介されたのでしょうか。

白鳥　『ＬＡＳＴ ＨＯＰＥ』の制作中、あまりにも理不尽な出来事が世界で進行している現実を目の当たりにしました。最初はワクチンの中身ってなんだろうということで調べていったら、考えられないものが入っていたのです。ＳＶ40、がん誘発物質、ナノルーター、ナノアンテナ、酸化グラフェン……そういったことは正直に出した途端に消されてしまいます。表には出しちゃいけないものとして我々のもとには伝わってこないのです。なぜがんを誘発する物質をワクチンに入れているのか？　という疑問が浮かびますよね。あのメッセンジャーRNAワクチンって何なのか。遺伝子を改変させて免疫を崩壊させてしまうのです。特定の抗原に対する抗体しか作らないですから。そうやって見ていくと、ちょっと異常なことをしているのがわかります。全世界あげて、政府とか公共機関を巻き込みながら、そういうことをメディアは正しいことを進めているように伝えているわけです。子どもたちを誘拐し、人身売買、小児性愛、臓器提供などビジネスにしている実態も聞き及びました。調べれば調べるほど、悪魔の所業です。悪魔の所業に私たちはどうして従うのかと。なぜ誰も異を唱えようとしないのかと。もう絶望ですよね。

そのうちに、この悪魔というものと真摯に向き合うようになりました。悪の根源って何だろうと。よくよく見ると私たちの心に共鳴する要素があるのです。欲、恐怖、不安。それらがエネルギーとなって、どんどん進んでいくのです。地球環境もそうなのです。劣悪化させているのは人間なのです。で、この悪の真実と私は対峙したのです。悪だと思って毛嫌いしていたけれど、果たしてそうなのだろうか。自分の心にもその部分があるのでは？　と。そのうちに、この悪というのは本当に悪なのだろうか？　と思い始めるようになりました。

そんな時に征さんと長野でお会いしました。2021年に完成した『ゼロ・ウェイストPLUS～持続可能な暮らし～』という映画は、ごみを出さない生き方を進めないと地球がおかしくなると考え作ったのですが、ごみを出さず、電気を使わずに循環できる生き方を征さんがされているということで、ずっとお会いしたかったのです。その会いたかった方に、長野の水輪というところでお会いすることができました。征さんは私に会うなり、肩を叩かれて『光と影のやさしいお話――この世のすべての悪を担った大天使ルシエル　それはいまひとつの神の姿であった――』を渡されたのです。食い入るように読みました。それで、悪魔と呼ばれている存在にも役割があってことに気づいたのです。悪魔と呼ばれている存在をどうやって融合できるかの答えがあったのです。『LAST HOPE』の結末が見えた瞬間でした。この映画は山田征さんとの出会いがなければ完成してないのです。

山田　今ルシエルの話が出ましたけれど、これには少し説明が要りますね。私の娘が幼い頃、肉眼では見えない一般的に天使といわれる人たちとのお付き合いがありました。ある日、いつもの天使とは全く違っている凄まじく美しい天使とすれ違ったので、「あの人誰？」と聞くと、「彼の名前はルシエルです。私たちとは比較にならない大きな力と大きな愛を持った天使ですよ」と教えてくれたそうです。

山田 征

1938年、東京生まれ。共同購入グループ「かかしの会」を約20年主宰し、地元の学校給食に有機農産物他、食材全般を約17年にわたり搬入。仲間と共にレストラン「みたか・たべもの村」をつくる。並行して反原発運動、沖縄県石垣島白保の空港問題他、風力や太陽光による発電設備など諸問題について講演活動を続けている。1988年4月から自動書記によるノートを取り始める。2002年1月より月に1回の勉強会「菜の花の会」を続けている。

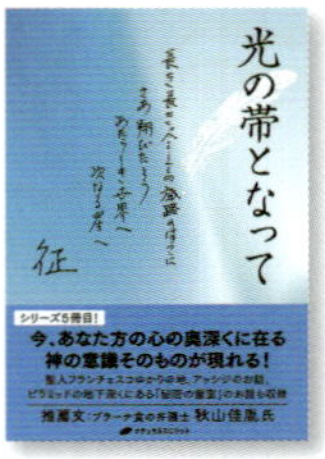

『光の帯となって』
山田征著
ナチュラルスピリット
1,400円＋税

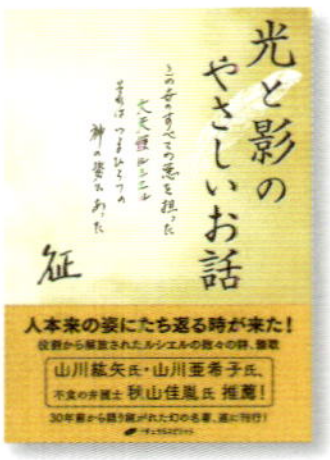

『光と影のやさしいお話』
山田征著
ナチュラルスピリット
1,500円＋税

白鳥 哲

映画監督、俳優、声優。地球蘇生プロジェクト代表。株式会社OFFICE TETSU SHIRATORI代表取締役社長。長年、文学座の俳優としてさまざまなテレビ、舞台、映画、声優として活動した後、アニメの声優をしながら映画監督として活躍する。常に時代の先にあるテーマを追求し、その先見の明には定評がある。

『LAST HOPE』
白鳥哲著
ヴォイス
1,700円+税

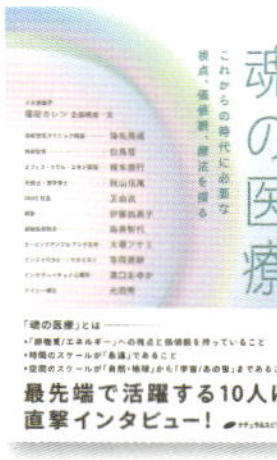

『魂の医療』
福田カレン 企画構成
（白鳥さんは序章担当）
ナチュラルスピリット
2,200円+税

ホームページ

X

「ルシエル」は、つまり一般的には「ルシファー」、悪魔といわれる存在の天使名です。そのルシエルが数日後に、直接意識で「私はとてつもなく大きな秘密、謎を秘めた存在である。しかしその秘密はいずれ紐解かれる日が来る。それをするのはあなたの母親です」と語りかけてきたそうです。まだ私が30代の頃ですが、私が50歳になったばかりのある日の朝、「今日から私たちの伝えることをすべて書き取ってください」、という不可視の世界からの合図がありました。一般的には自動書記とかリーディングといわれる現象なのですが、とにかくその日の夜から伝わってくる複数の存在からのメッセージ、言葉を毎日毎日書き取る作業に入りました。そしてしばらく経ったある日のこと、「はい私はルシエル」という語りかけがあり、なぜ天使であった私が悪魔という存在、役を担うことになったのか、という大きなドラマそのもののストーリーを〝詩〟という形で書き取りました。全部で十篇ほどありますが、書いているその時は気がつかなかったのですが、活字の本になったとき、あっ、これが昔、娘を通して「悪魔といわれる私の秘密を紐解くのはあなたの……」、というあの言葉はこのことだった、と気がつきました。悪魔というより、つまりこの世にごまんとある、ありとあらゆる「悪」といわれるものを私たちはどう捉えるのか、どう向き合うのか。この世に悪といわれるものがもし全くなかったら人はどうなるのか、人の魂はどう生長するのか、と、その悪の大切さを私のノートではさまざまな角度から解き明かしています。

ところが、「ルシエル」が天使として語られているのは、書き取っているノートでは2冊目までで、3冊目のノートからは「ルシエル」は「創造主」という存在に変わっていきます。

私たちの存在するこの宇宙、さまざま無数の天体、そして地球、その地球の中のありとあらゆる存在、そしてそれらに宿っている魂。初め、すべては無であった。そこで宇宙の根源意識という存在が「宇宙を創ろう」と思考する。でも考えただけでは宇宙であろうとなんであろうと形にはならない。形になるためにはそのための力が働かなければならない。思考されたものを形にするのが創造力であり、その力のことを私のノートでは「ルシエル」という名称で表しています。ひと口に「悪」といっても、それは「力」の表現でもあるわけです。ですから悪をただ憎むのではなく、その悪といわれる出来事の裏に何があるのか、それが何を伝えようとしているのかを落ち着いて見る、というか考える、向き合うことをしないといけないのかなと思います。

「岩戸開き」について

——「岩戸開き」については、どうお考えでしょうか。

山田　一般的には「岩戸開き」といえば、日本神話の中の天照大神が弟神のスサノオの命があまりに悪さを働

くので、怒って岩屋の中に隠れてしまったため、この世が真っ暗闇になってしまった。人々は困って、なんとか彼女に岩屋から出てきてもらおうというわけで、一計を案じて岩屋の前で飲めや歌えや踊れやと大騒ぎして、「何事？」とそっと岩戸を開きかけるのを待っていたタジカラオの命《ミコト》が、その岩戸を一気に開けて元の明るい世界が戻った、めでたしめでたしのお話に由来して、この暗澹たる今の地球環境をなんとか明るい社会に取り戻すためには何をどうしたらよいのか、をみなで一緒に考えましょう、をテーマにした雑誌作りかな、と私は思っています。

今、白鳥さんは、この真っ暗闇のようになってしまった地球をなんとか蘇生させたい、の強い思い、覚悟の上でたくさんの映画を作られたり活動されていらっしゃると思います。でも私は、人間がどう心を入れ替えあがいても、自然環境が豊かな元の地球には戻らないと思っています。私たち人間の日常生活、社会環境が豊かに便利になればなるほど反比例して自然環境はダメになっていかざるを得ません。もともと地球は「火の玉」だったわけですから、地球の立場からいえば、この世界がどういうことになったとしても別に痛くも痒くもない。困るのはこの環境でしか生きられない生き物たちや人間であって地球ではない。そこのところを私たちはしっかり認識しないといけないのでは、と思うのですがどうでしょうか。

冷静に考えて、とにかくいつかは私たち人間はこの地球に住めなくなる時がくることを覚悟しなければならないと思います。ナチュラルスピリットさんの『岩戸開き』の表紙には「Open the STARGATE」という言葉が書かれていますが、雑誌の中身ではあまりその言葉の意味に触れていないように思います。私は人間がこの地球に住めなくなった時、この肉体に宿っている霊魂、魂は一体どこに行くのか。たぶん考え方はいろいろあると思いますが、魂的にはこの地球という学びの場を離れて行かざるを得ない。地球の扉を開いてほかの天体へ、ということになるのかな、と勝手に思ったりしています。私の『光の帯となって』の本は、まさにそのことを示唆したタイトルになっています。

白鳥　「岩戸開き」という言葉自体が、この地上に意識変革をもたらすキーワードだと思うのです。私は、2025年は意識の大変革の年だと捉えています。あの年を境に意識が大きく変わってきたなといわれるくらいの大変化が起きると思っています。その理由の一つが、量子力学の台頭です。量子のレベルの振動が現実を作っているということが一般化していくと思っています。今私たちが思っているのは結果にすぎなく、すべては量子の振動なのです。心も感動もすべてです。そういうことを考えていくと、肉体が死ぬことは終わりじゃないことがわかります。死んだらおしまいだという洗脳を受けていますけれど、おしまいじゃないのです。意識は残りますから。肉体を離れる際、悔いのある人生を送ったとしたら後悔します。もし、「今だけ、金だけ、自分だけ」と思っていたら、なおさらそうです。お金や物質的なものを求めることは、肉体を離れたときに何の役にも立たないと気づきます。それよりも後悔のない生き方をしていった方がいいのです。せっかく肉体を持って生まれてきたのです。良心に恥じない生き方の方が大切になってくるのです。大和心です。

「岩戸開き」のポイントは、肉体が終わっても死ではない、生と死は一つだと認識をすることです。それを一人ひとり持てるかどうかが、岩戸が開くかのポイントです。魂の存在なのです。で、そう思い始めると、魂に恥じる生き方をすることほど将来の自分に厄介な問題を繰り越すこと

はないです。それよりも、魂を磨く生き方や徳を積む生き方のほうが自分のためになっていきます。自分がやった行いは生死を超えて自分が受け取りますから。

測れば測り返されるし、殺めれば殺め返されるのです。エドガー・ケーシーが残したリーディングの言葉で次のようなものがあります。「死は消え逝くことではない。移り行くことである。あなたが測った物差しで測り返されることでそのことを知る時が来る(1158-9)」。これはまさしく生死を超えた魂の視点で語られている言葉です。私たちの撒いた種って必ず受け取るのです。生と死を越えて、この意識に残っているのです。だから肉体を離れても終わりではないから、自分がそれを受け取ることになるのです。良いことを精いっぱいしたいと思いませんか？

そして、2025年の大きな変化について。私たちは、宇宙との関わりで地球にいるのです。宇宙との関わりで歴史があるのです。ナノチップやナノルーター、酸化グラフェンとか、なぜこんなものを脳に入れるのか？　このナノテクノロジーのアイデアは、地球の人間以外の存在が知恵を授けているといった方が納得いく内容です。宇宙の存在と地球は関わり合っているのです。情報開示が今年どんどんされてきます。宇宙の中の自分であるという自覚が必要です。そして、地球上だけでなく、宇宙のカルマを残すという自覚が求められていくと思っています。だから、「岩戸開き」の意味は、唯物的世界観から脱することができるか、生と死が一つであることを自覚できるか、そして宇宙の中の地球であることが自覚できるかという意味が含まれていると思っています。

今地球で起きていることを解決しないでいると、宇宙でそのカルマを持ち越すことになっていくのです。今、地球は大変な事態になってきています。でもやれることは最後までやりきりましょう。そして悔いのない生き方をする。私はそう思って地球蘇生プロジェクトをやっています。ここにいる会場のみなさんが本気になって地球蘇生に動き始めたら解決に向かうかもしれない。みなさんのご友人すべてが真実に目覚めて光と闇を統合できたら、ひょっとしたらひっくり返るかもしれない。その可能性もまだあるのです。その可能性に死ぬ瞬間まで、私は賭けたいと思うのです。「岩戸開き」のこのタイミングだからこそ、このチャンスを逃さないようにすることです。次に肉体をもって生まれて来るときは相当先になると思います。今やれることをやっていくことです。そして今自分がやれる善行を積み重ねていくこと。私は征さんの下ろされたリーディングからそれを受け取りました。そしてルシエルの言葉に希望を感じたのです、皆が火種となって光と闇を統合できたら必ず地球は蘇る。それが最後の希望です。そのために自分は生まれてきたのだと思っています。

シリーズ

時の人

宇宙案内人

石井数俊さん

第2回

《後編》

生まれながらの宇宙人的感性で得た情報を、多々発信中の石井数俊氏。後編となる今回は、数度にわたる臨死状態から生還して確信した、宇宙の本質や、ネガティブな出来事を転換させる視点、人が本来持つサイキックなセンサーを目覚めさせる方法など興味が尽きないお話が次々に飛び出した。

取材・文／湯川真由美

臨死体験で知った本当の宇宙と繋がる生き方

睡眠中の世界が本当で目を覚ましているときは幻想

──見えない世界があることを、確信した出来事はありますか?

3、4歳のとき、眠るたびに変性意識となって、自分の中で宇宙が展開していたことです。

人も登場するし、ストーリーもあるし、いろんなところに移動してコミュニケーションもするし、美しいものを見たり聞いたりもする。それらを3次元的な視覚・聴覚とは違う形で認識できたので、〝宇宙というのは物質でできているわけではない〟と気づいていたんです。

でも、目が覚めると、お父ちゃんとお母ちゃんがいて、住んでる家があって。幼稚園に行くのは〝3次元ゲームのルール〟という割り切りがないと、とても地球ではやっていられない。そんなふうに、3次元の物質世界こそが幻想で、本質は夢の世界、つまり宇宙とは眠ったときに展開する世界だと理解しているわけです。

その思いは、今も同じ。眠っているときの世界が本当で、この物質世界こそが幻想。みなさんが現実としているものを、私は幻想だと思って生きている──。

そのことを、何度か臨死状態となったときに実感しました。だから、みなさんには「死ぬというのは本当の世界に帰ることなのに、それをなぜ怖がって嫌がるの?」「こんな罰ゲームをいつまで続けているの?」ということを淡々とお伝えしています。

──今でも、眠るたびに宇宙が展開するのですか?

病気で倒れる前は、目が覚めて

いるときの覚醒の世界と、睡眠の世界という複数の世界に住み分けていました。

でも今は、私にとってこの3次元世界は眠っているときの世界とほぼ同じ。8年前から肉体がほとんど動かなくて、その分、アストラル体での活動がメインになってます。だから、講演会では参加者から、「石井さんが夢に出てきて、こういうことをされていました」ってよく言われるんですよ。

そういう人たちは3次元的にいうと〝未来を見た〟ということですね。夢の中のほうが、過去も未来も見通せる状態で、逆にいえば、この物質世界は閉じ込められて非常に限定された世界なんです。

——非物質な世界だと、感覚機能が拡大するわけですね。

全開になるよね。たとえば、生まれる前と死んだ後は視界が360度あるけれど、生まれて来ると、なぜかここ（眼球の機能）だけになるんです。だから、生まれる前にあったその機能を「第3の目」といっているんでしょうね。

事故や病気による肉体死とは、切り離されていた存在が融合すること。まさにそんな感じが私の日常です。

これだけ不自由な身体でも意識は世界中に飛べるので、あまり不自由と思ってないんですよ。実は、旅行をしたいと思ったことが一度もなくて、海外旅行経験ゼロ。

でも、もう行っているから満足してるんです。過去生でもいろんな所へ行っているので、世界遺産とか見ると「懐かしいな」と思うけれど、今回この肉体で行こうとは思わない。慌てなくても、死んだらいつでも行けるし、生きている間にアストラル体で行くこともできる。

お金を貯めて旅行するぐらいなら、意識を飛ばしたほうがいいと思うんです。

生死をさまよう大病と全身麻痺からの復活

——以前、倒れた際に、死後の世界に行かれたそうですが。

脳幹出血を8年前に、その4〜5年前にクモ膜下出血をやっているんです。クモ膜下のほうは、経営コンサルタントの仕事をしていたときでした。小売業の閉店後の締め作業の後に、仕事相手の前でレクチャーをしていたら、突然、みんなの前で倒れて、泡を吹いて目を見開いていたそうです。

手術で頭を開いて、生死をさまよっている間、1泊2日ぐらいで宇宙に行ったみたいです。数パターンの自分の未来を見ました。肉体的には脳がギュッと圧縮されて重症になったけれど、2カ月ほどで元に戻りました。

——宇宙に行った際に、体から抜けた感覚は覚えていますか？

物理的な感覚はないですね。〝体の中から抜けた〟というのは、あくまで3次元的な視点での表現になるんです。

私が定義している宇宙は、時間も空間もないし、内も外もない。人間は生まれる前と死んだ後は宇宙にいるので、たとえば「自分はどの星からやって来たのか？」というような考えは、3次元の限定された思考が生み出す発想です。

全部がワンネス。それが宇宙なんです。だから、死んだらどうなるかを口頭で説明するのは3次元的で滑稽なんですよ。

——では、今のような状態に復活するまで、どのくらいかかりましたか？

ここまでに8年かかりましたが、最初は全身麻痺の寝たきりですからね。脳幹出血で倒れた日に我が子が生まれたんだけど、自分はその赤ちゃんと一緒にオムツをしていただけですもんね。

医者は患者を死なせることが一番の失敗なので、死ぬかもしれないことはやらせてくれない。「危ないから歩くな」「車椅子が必須だ」とか言うけれど、それだと一生車椅子になっちゃうので、「死んでもいいから歩けるようにならなきゃ、生き延びる価値がない」と決心したんです。

早めに退院させてもらって、いつ死んでもいい覚悟で公園に行って、ほぼ毎日リハビリしてました。赤ちゃんをベビーカーに入れて、誰にも見られていないときに押して、歩く練習をしたんです。本気で取り組んだら、3年後には少し歩けるようになりました。

――脳にダメージは残らなかったのですか?

まず、目が見えなくなりました。今も矯正しきれてないけれど、両目の視界が合成されて1つにならないんです。「複視」といって、常に乱反射した万華鏡みたいな見え方になる。車が3台来ても50台くらい来ているように見えちゃうから、普通なら一歩も外へ出れないですね。いつもゲロまみれ状態で暮らして、おおよその物が見えるようになったのは5年後ぐらい。それからは急に楽になりました。

――そうした復帰までのスピードも、「意識の力」次第で変わるのですか?

意識だけで決まるでしょうね。自分で「良くなる」と決めれば、現実がそうなっていくでしょう。

ネガティブなことを楽しむと人生が面白くて幸せになる

――さまざまなテーマを発信されていますが、たとえば、爬虫類系宇宙種族のDNAが多い人は、怒りっぽかったり、人を苦しめたり、犯罪に走ったりするとのことですが。

人類全員に、爬虫類系宇宙種族の遺伝子が入ってるんです。脳幹なんて、ほとんどその遺伝子でできてます。私は脳幹出血によって、爬虫類系の遺伝子部分を壊されたと思っていて。もともと穏やかだったけれど、ますます感情の起伏がなくなったからね。

――怒ったりすることはないのですか?

激しい感情が湧いたりしてた若い頃と違って、「こんなことで腹を立てるのはバカらしいから、バカがいる中で面白がってやろう」と思うようになったんです。すると、「またバカがいる。面白い、ありがとう」という気持ちになる。マズイものを食べたときは不愉快になるけれど、「こんなマズイものがあるんだ。こんなものが売れているんだ」というふうにネガティブなことを楽しむようにしたんです。その方が、人生が面白くなるじゃないですか。

――たとえば、世の中には、イジメなどの辛い状況に耐えている人もいますが。

ネガティブを楽しめないのは、そこから良いことが生まれることに気づかないからですよ。

たとえば、私はほぼ全身麻痺になったおかげで、どんなささいなことにも、喜びや幸せを感じるんです。最初は指が完全に麻痺していて、電源のスイッチを押すことすらできない状態でした。ところが、今では髭を剃れたりするから「すごいなあ」って。

そんなふうに、すべてがありがたくなっちゃうってことは、ネガティブなことを経験すれば、それ以外のことが全部ポジティブになるんです。1回ハードルがすごく上がると、それを越えたあとには幸せしか待っていないんです。

そうなったとき、「貴重な経験をさせてもらったなあ」と思えるようになるんですよ。

だけど、恵まれている人はちょっとしたハードルがあると、ものすごく不幸感を抱いてしまう。だから、余計に不幸になりやすい。

親から虐待を受けている子どもも、それを耐え凌いだら立派な大人になるのは確定なんです。それを乗り切ったら、「もう何があっても絶対私は大丈夫」っていう自信になって、それまでの人生を結構面白がれるんです。

――ネガティブな出来事さえ、魂が計画して生まれてきたのでしょうか?

それだけじゃなくて、「生まれて死んだ回数と内容」の累積でしょうね。私の場合、8年前も含めて過去世をたくさん見てきたけど、全身がほぼ動かない人生がいくつもあるんです。それでも武器を手にして戦ったり、空を飛んだり、超能力を当たり前に使っていて、「こういう体で生きるのは今回だけじゃない」と思い出している。

もう慣れているんですよ。「また全身麻痺か。また糞、小便を漏らす情けないことをやっているのか。……また、やってるぜ」と自分で自分を笑っているんです。

逆に、死ぬのが楽しみになる。生きているうちはとにかく辛いけど、死んだら楽になれるから。だから、もう怖いものはない。人に好かれようなんて微塵も思ってない。嫌う人は、どうぞ嫌ってくださいという感じ。

それを楽しんでやっているだけなのに、私のことを「すごいことを伝えてくれている」とポジティブに捉える人が意外と多いので、この世界はけっこう面白いんですよ。

サイキックなセンサーを高めるためのアドバイス

方法1 肉体を超えた本来の自分を意識し、守護存在からのサインを受け取る

誰もが本来持つ、サイキックな能力を高めるには、自分という定義を見直すことです。変性意識状態になれる「ヘミシンク」や瞑想を何年もやるとわかりますが、ハイヤーセルフやガイドと繋がると、肉体というのは〝端末〟でしかないんです。ほとんどの人は、この端末のアバターが自分だと思っているけど、それは本当の自分とはいえない。そこを取り違えているのが標準的な地球人なので、本当の自分は肉体を超えた叡智の存在だ、ということを自覚しないと。

ハイヤーセルフを遠いものに感じている人は、繋がってないだけです。身近に感じている人には、姿が見えたり、声が聞こえたりもします。たとえば、「そうしちゃダメだ」とか「こうしろ」とか聞こえてきて、わけもわからず行動を起こす人もいるけれど、それはハイヤーセルフやガイドの声。彼らの存在を感じることは可能なので、難しいと思い込まないことです。

その人がやろうとしてることがうまくいかないということを、彼らが伝えていることもあります。「なぜ、こんなことに?」というようなことは大概そう。たとえば、飛行機がトラブルで飛ばないとか、予定をキャンセルしないといけなくなったとか、不可抗力的な出来事は全部、ハイヤーセルフやガイドからのメッセージ。

わざわざ、うまくいかないようにしてくれてるのを、ちゃんと読み取れるかどうかですね。

方法2 自然の中で一人きりになり宇宙と溶け合う時間を過ごす

センサーを高めるために、自然の中に身を置くことも、必須ですよね。私も高校生の頃から一人で湖へ行ったり、大自然の中で朝日や夕日を見たりしました。

もう絶対、一人。人間がいるとぶち壊しです。それは、いくらかわいい女の子がそばにいても同じ。そばに人間がいたら波動が落ちちゃうから。とにかく自分一人だけになって宇宙と繋がるようにしていると、ワンネスに近い感覚になれるんです。

私の場合、社会人の頃は釣りによく行ってましたね。夜釣りしていると8時間とかすぐに過ぎていって、その間に自分が宇宙の中に入っていくのを感じました。人間は醜いけれど、人間以外のものはすべてが美しい。そんなことを、しみじみ再認識していたんです。

自然と繋がる時間は、絶対必須です。それができないときは、狭い部屋で瞑想するのもいいですよ。同じような効果を得られると思います。

とにかく、人間がいてガチャガチャしていたら波動がガタ落ちするんです。特に、金儲けしか頭にない人のそばにいると、バイブレーション的には最悪です。そういうものとの関わりをいかに最小限にして、自分の波動を守るかですね。

石井数俊（いしい・かずとし）

幼少時から「肉体死」に興味を持ち、スピリチュアルな領域を探求。経営コンサルティングのかたわら、スピリチュアルに関するワークショップの開催や本の企画・監修・出版を行う。2011年にクモ膜化出血で意識不明の重体、2016年に脳幹出血で肉体死を経験し、その後生還。起きて歩くこともできなかったうえ、眼で視ることも指で文字入力することもできなかった重度障害の期間を乗り越えて、人間の本質は肉体ではなく非物質（霊魂）であることを思い出してもらうための活動をしている。

knowing innovation.net

『誰も教えてくれない素朴な疑問 肉体死体験談』
石井数俊 著
ギャラクシーブックス
1,150円+税

特別寄稿

足立幸子さんの思い出

文／只野富士男（ハーモニーライフ代表）

『あるがままに生きる』の著者・足立幸子さんが帰星して32年が経ちました。
「波動」「直観」という生き方を人々に浸透させ、新しい時代を生きるための意識と行動を教えてくれた足立幸子さんと筆者の回顧録です。

第2回 直観を仕事に取り入れる

宇宙の調和度とは

幸子さんは「宇宙との調和度」を、冗談で「お通信簿」なんて言っていました。

「宇宙との調和度」とは、物事や人が宇宙のエネルギーとどれだけ調和しているかを表す数値です。10段階評価で、10を超えると「10の○（まる）」と呼ばれ、非常に高い調和状態を示します。具体的には「10^{78}（10の78乗）」のような高次元のエネルギーを指し、周波数の単位はヘルツで表されます。この考え方は、スピリチュアルな世界観や波動の法則に基づいています（詳細は『あるがままに生きる』『波動の法則』参照）。

ご自身のアート作品をベースにしたデザインTシャツを手にする足立幸子さん。

調和度と人気の関係

幸子さんが『YOYO』に来店される予定の時は、いくつか質問したいことを用意していました。その一つがお店で販売している製品の調和度についてでした。

「これは人気があって売れているから、きっと波動が高いんだろうなあ」などと思って訊いてみると、そうじゃないものがたくさんありました。

「どういうこと？　多くの人が『いいな』って思うものは、波動も良いんじゃないの？」

ところが、一概にはそうとはいえないようでした。

たとえば、当時人気があったスピリチュアル系の本の大部分は、調和が取れていなかったようです。ヒーリング音楽もなんともいえません……。

逆に、一見スピリチュアルと無関係そうな製品が高い調和度を持つ場合もありました。このギャップの理由は、私たちが良いと感じるものが、自分の顕在意識や自我の欲望に基づく、「都合の良さ」から評価されているためかもしれません。

つまり、「良い」と感じる基準が宇宙の調和とは、必ずしも一致してはいないのです。

実生活での調和度の活用

20代の頃のボクはいろいろと考えて、代官山周辺のお店に『YOYO』の案内を置いてもらおうと、自分で「このお店は良さそう」と感じたお店をピックアップし、幸子さんに調和度を確認してもらったりしていました。これなら個人的なエゴも願望も入りません（笑）。

案内は、幸子さんが選定した高い調和度の店舗に絞って置かせていただきました。すると、かなり高い確率で、調和度の高いお店の店員さんたちから、清々しい対応をしていただくことが多く、一方の調和度が低い店舗では、期待通り対応が良くないことがほとんどでした。この体験を通じて、調和度を実生活や仕事で活用することの重要性を学びました。

また、単に好奇心で調和度を知りたがるのではなく、生活やビジネスに役立てる目的で、波動を測定することが大切です。『あるがままに生きる』にも、この考え方は詳しく書かれています。

直観と調和のバランス

幸子さんは「直観は当たる・外れるではなく、おおもと（※本質）と繋がっているかが重要」と語っていました。直観に従うことは、日常生活や仕事の中でも大切なことです。

1993年1月、『YOYO』でボクが撮影した天体写真を扱うことになりました。広い意味では幸子さんにも関係のあった写真なのですが、一般的には「天体現象」の写真として販売しました。その際、価格設定も調和を意識する必要がありました。価格は幸子さんの助言で「5000円を超えると不調和になる」と言われ、4950円に設定したところ、調和を保つことができました。

このように、価格設定なども宇宙との調和を考慮することが重要です。

お金のエネルギー循環

幸子さんは30年以上前から「お金のエネルギー循環」の大切さを説いていました。エゴに基づく利益追求ではなく、本来のお金の在り方を考えるべきだという視点です。家族や仕事の問題解決も、自身の直観を活かしつつ、調和を重視したアプローチが求められるとされています。直観を磨く中で、自分の行動が損得に基づいていたことに気づき、そこから学ぶこともまた成長の一部です。

現代社会の中で調和を意識する体験は、エゴに支配されない選択をするきっかけとなります。

学びの姿勢

調和度を知ることは、単なる好奇心や自分が特別だと思いたい願望のためではありません。むしろ、生活の中で直観を活かしながら調和を保つ行動を意識することが大切です。幸子さんのアドバイスや製品を通じて、エゴから解放された新しい価値観を体験する機会を得ることができました。

（つづく）

『あるがままに生きる』
足立幸子 著
ナチュラルスピリット
1,200円＋税

只野富士男　（ただの・としお）

ハーモニーライフ代表。1968年、東京生まれ。幼少の頃より、「人は何のために生きるのだろう」との関心を持ち、星や宇宙、過去やこれから先の未来はどうなるのか？ということに関心を持つ。20代前半に野菜料理のレストラン・環境製品の販売店「株式会社アトリエYOYO」に勤める。2000年にハーモニーライフを設立。心と体と環境のトータルヘルスをテーマに環境や身体を快適に調整するさまざまな製品を通じ“健やかに生きること”を提案している。

ハーモニーライフ
https://harmonylife.ocnk.net

新刊著者インタビュー!

『詳細 面相学 基礎から実用まで』

易海陽光

2,800年という長い歴史を持ち、
中華文明の源であり国家を治める経典である『易経』。
日本で易学(易経を研究する学問体系)を広めるべく
一般社団法人日本易経協会を立ち上げ、
このたび『面相学』を刊行された易海陽光さんに、
「面相学」について解説していただきました。

取材・文／編集部

面相学を学ぶことで、自分自身の足りない部分に気づき、総合的な運勢を向上させることができます。

『詳細 面相学
基礎から実用まで
(乾坤易道易学
シリーズ)』
易海陽光 著
穆良軍 著
太玄社
2,700円+税

――まず、あまり聞き慣れない面相という言葉と面相学について、具体的に教えてください。

「面相」という言葉自体があまり馴染みのない方が多いかもしれませんので、まずこの言葉についてご説明します。そして、なぜ「面相学」という名前を付けたのか、面相学とは何かについてお話します。

面相学は、日本では一般的に「人相学」や「観相学」と呼ばれています。中国でも「人相学」という言葉が使われますが、日本の人相学とは少し意味が異なります。日本の人相学は主に顔を観察して運勢を占う方法を指します。一方、中国の人相学では、顔だけでなく、頭、体全体、骨格、手足の形状や動き、さらには形態、精神、気色、声、動作など、さまざまな要素を総合的に観察し、その人の運命や一生の吉凶、貴賤、寿命、禍福を占います。たとえば、中国の面相学には「富貴在天、富看鼻、貴看眼」(富貴は天命に定められる。富を見ようとするなら鼻を、貴を見ようとするなら目を観察する)という考え方があります。また、人間の吉凶や禍福、さらには病気なども相術を通じて判断できるとされています。

拙著では人の顔に焦点を当てて論じているため、従来の「人相学」とは異なり、「面相学」という名称を付けました。

本書の内容は、人間の顔の形や五官(耳、鼻、目、口、眉)の形態や特徴、雰囲気、顔色などを観察し、それらの特徴から個性、性格、健康、運命を占う方法を詳細に解説しています。

面相学の哲学的な処世思想として、「相由心生、相随心滅」という言葉があります。これは、「顔の表情や形状は心の変化に応じて変わる」という意味です。「相由心生」とは、心の中で何を考えるかによって相貌が形成されることを指します。また、面相はその人の人間性を表し、一生の運勢とも結びついています。このため、易学界では「欲養容、先養心」（素敵な顔になりたければ、まず道徳心を養いなさい）という言葉が広く知られています。

つまり、人の個性や性格、善悪は顔や身体の特徴、行動などに現れ、それに基づいてその人の運命を推測することが可能だという考え方です。

——一般の人が面相学を学ぶメリットとは？

私はこれまでに6回の面相学セミナーを開催してきました。その中で、最初は私に占ってもらうために訪れた方々が、セミナー参加を勧められて戸惑う様子も見られました。「将来占い師になるつもりはないのに、面相学を学ぶ意味があるのだろうか」と不安を抱く方もいました。しかし、実際にセミナーを受講した後は、面相学への理解が深まり、考え方が大きく変わった方が多くいらっしゃいます。面相学は、面相を読むだけでなく、実生活にも大いに役立つのです。

まず、面相は単に人の容貌を観察するものではありません。面相を通じて人の心を読み取り、性格を判断することが可能です。初対面の相手の顔を見ることで、その人と今後どのように付き合うべきか、あるいはどのような運勢を持っているのかを判断する手助けになります。

次に、自分自身の運勢や適性を把握することもできます。たとえば、自分が将来経営者に向いているのか、会社勤めでは管理職や技術職のどちらが適しているのかを知ることで、努力すべき方向性が明確になります。

さらに、面相学は人脈を広げる手助けにもなります。人との交流では、話題の選び方が非常に重要です。相手の面相を観察して性格や過去の出来事を読み取ることができれば、相手の興味を引きやすくなり、会話が弾んで親密な関係を築くことができます。

また、面相学は単なる占いにとどまりません。中医学と結びつけることで、面診や手診を通じて自分の健康状態を把握し、病気の予防にも役立てることができます。本書の第八章では、顔色や五官の状態を基に簡単に行える健康診断の方法を詳しく解説しています。

最後に、面相学を学ぶことで、自分自身の足りない部分に気付き、総合的な運勢を向上させることができます。これにより、より魅力的な人間へと変化する可能性が広がります。

さらに、経営者の方にも面相学は非常に有用です。多くの経営者が採用時に人材選びで悩んでいますが、面相学を活用すれば、面接時に相手の人間性や性格、誠実さやずる賢さをある程度見抜くことができます。また、その人が頭脳型なのか手先が器用なのかといった特性を判断し、それに合った仕事を割り当てることで、効率的に成果を上げることが可能になります。実際、私は経営者の友人から、採用時に候補者の写真を送られ、意見を求められることがあります。このように、面相学は人材採用においても大いに役立つのです。

——具体的に面相を観察する際には、まず「五官」から始めるとのことですが、「五官」について説明をお願いします。

五官とは、「耳、眉、目、鼻、口」のことで、面相学を学ぶ上での基礎となります。五官を通じて、人の基本的な運勢をはじめ、財運や富貴さを判断することができます。また、親族関係、夫婦関係、親子関係なども五官から読み取ることが可能です。

たとえば、耳は生まれてから14歳までの運勢や幼少期の家族関係を反映しています。さらに、腎臓や膀胱の健康状態を示すこともあります。鼻は一生の財運を象徴するとともに、肝臓の状態を反映する器官です。

ただし、ひとつの器官だけで判断するのは不十分です。顔全体を観察し、五官の特徴やホクロ、シワなどを総合的に判断することが必要です。

――顔の中でも「ホクロ」について書かれていますが、その重要性について教えてください。

医学では、ホクロについて「皮膚の色素細胞の異常増殖や皮膚の内出血によって生じる赤や青、黒などの変色」と説明されており、皮膚に現れる色素異常が原因であるとされています。一方で、面相学におけるホクロは、皮膚の表面にある突起物であり、皮膚より濃い色を持つものを指します。

面相学では、ホクロの大きさ、位置、色、形などによって吉凶が判断されます。たとえば、鼻翼にホクロがある場合は、出費が多く、お金を貯めるのが難しいとされています。さらに、上級面相学では、ホクロの位置を基点にして、具体的にどの年にどのような出来事が起こるかを占うことも可能です。

本書の冒頭で述べた私の実際の占いの例では、「何年に金運が良かった」「何年に出費が多かった」「何年に交通事故で怪我をした」などといった結果を占いました。それはホクロの位置や色をもとにして判断したものです。

――ホクロは途中で現れることがありますが、それは何かしらの意味があるのでしょうか？　逆にホクロが消えることはあまり聞きませんが、どうでしょうか？

ホクロは現れる位置によって、その人の過去や将来の情報を示すことがあります。場合によっては、一生のうちの特定の運勢を反映することもあります。ホクロは自然に消えることはありませんが、微整形によって取り除くことは可能です。しかし、ホクロを取ったからといって運勢が大きく変わるわけではありません。ただし、少し運勢が変化することはあります。

たとえば、私はかつて五つの良くない痣を取り除きました。以前、鼻翼に大きなホクロが一つあり、若い頃は出費が多く、お金を貯めようとしてもうまくいきませんでした。しかし、そのホクロを取った後、少し状況が改善しました。

――整形手術には賛否両論がありますが、賛成する人の中には、「顔に自信を持てるようになると表情が変わり、それによって自分を取り巻く環境や考え方が良い方向に変化し、運勢が向上する」と考える人もいます。一方で、生まれ持った要素の影響が大きいという見方もあるのでしょうか？

生まれつきの顔の影響が大きいと思います。人間の面相には、先天的な面相と後天的な面相があります。

先天的な面相とは、生まれつきの相貌のことで、両親から受け継いだ遺伝的要素や、生まれた時の五行の気によって形成されます。そのため、大幅な整形は慎重であるべきだと考えております。

たとえば、四柱推命では、五行の水が旺盛な人は顔色がやや黒く、体毛や髪が濃い傾向があります。五行の金が旺盛な人は、体格が良くハンサムな場合が多いですが、金が不足していると、体型が細く小柄で、顔立ちが整っていない場合もあります。

後天的な面相は、年齢の成長や環境の変化、日常生活で受ける五行の気の影響によって少しずつ変化していきます。ホクロ、皺、傷なども後天的な要素として現れるものです。

たとえば、五行が均衡した環境で育った人の面相は、一般的に整い、調和の取れた相貌になることが多いです。一方、緊張や恐怖、邪悪な環境で育っていたり、心に常に邪悪な考えを抱いている人は、顔つきが次第に卑しさを帯びることがあります。
自分の運勢が良くないから整形する、という考えにはあまり賛同できません。ただし、たとえば良くないホクロや皺、傷がある場合には、微整形で改善するのも一つの方法です。
先に述べたように、鼻は人間の財運、特に中年以降の財運を司ります。財運に恵まれる鼻の特徴としては、鼻先が丸く高く、鼻孔がやや大きくボリュームがあり、正面から鼻孔が見えないこと、さらに鼻全体に肉付きが良いことが挙げられます。しかし、現在では、細く肉付きの少ない鼻が美しいとされ、鼻を細くする整形が流行しています。こうした整形によって、将来の財運が損なわれる可能性もあります。
私のアドバイスとしては、「人の顔は心によって変わる」という考えを大切にすることです。常に善念を持ち、善行を積む人は、度胸があり、心が広く、優しさや慈愛、穏やかさが顔に表れます。逆に、悪事を重ねる人の顔つきには、善良さが感じられず、怖い印象を与えることがあります。
ただし、邪悪な心を持つ人でも優しげでまともな面相をしている場合がありますが、それは特例といえます。

――第八章に健康状態やかかりそうな病気がわかると書いてありますが、これもその時点での面相で判断するということですか？

そうですね。漢方医学によると、人間の身体には十二本の経脈と十五本の絡脈があり、これらは三百六十五のツボで繋がっています。経絡は体内の血気の循環を担当し、五臓六腑を繋ぐ通路として理解することができます。血気の運行は三百六十五のツボを通して流れ、経絡が塞がると血気の循環がうまくいかず、臓腑に不調が生じます。その兆しはまず、顔の五官から現れます。したがって、漢方医学では顔がいくつかの区域に分けられ、それぞれが五臓六腑を代表しています。体内に何らかの不調があれば、まずその対応する区域に異変が現れるのです。たとえば、両目の間や鼻の一番低い部分（面相学では山根という）は、心臓や血圧に関連しています。ここに一本または二本の横皺が現れると、その人は心臓または血液に関する病気を抱えていると判断できます。面相学は漢方医学のこの理論を用いて、自分もしくは人の健康状態をチェックすることができます。

易海陽光　いかい・ようこう
（本名：倪鍔　にい・がく）

1996年　岡山大学経済学部入学
2000年　岡山大学経済学部卒業
2000年　広島市立大学国際学研究科に入学、2002年に修士号を取得
2002年　広島市立大学国際学研究科博士後期入学
2005年　博士後期課程満期修了
2014年　中国揺鞭派風水第六代目掌門秦倫詩（しんろんし）師範に拝師
2015年から劉文元（りゅうぶんげん）教授をはじめ、多数の易学の先生の元で梅花心易、四柱推命、奇門遁甲、大六壬など、多様な占術を学んだ（劉文元：中国の名門大学である北京大学、清華大学、浙江大学などで「易経」を教え、香港国学研究院名誉院長を務める）
2015年から日本現代風水研究会秘書長に就任。
2015年から『「易経」全巻詳解セミナー』、「梅花心易」、「風水」、「四柱推命」、「断易（六爻）」、「面相学」などを開催し始める。
2019年、第22回世界易経大会（東京）に参加し、副会長を務め、発表した論文によって、「国際最佳易学成就賞」、「最優秀国際風水師賞」を受賞
2021年、一般社団法人日本易経協会を立ち上げた。
現在、道教太上老君法術伝人、符呪師（霊符師）として活躍している。

一般社団法人日本易経協会

霊能者

梨岡京美の快答！相談室

神仏世界と深い繋がりを持つ梨岡京美さん。日々寄せられるさまざまな相談や質問の中から、梨岡さん自身「これは多くの方に伝えたい！」というトピックについて詳しく語るシリーズ！第2回は、「墓を建てる」です。

梨岡京美（なしおか・きょうみ）
1964年、大阪府生まれ。当代屈指の呼び声の高い霊能者。鴻里三寶大荒神社代表。6歳のときから霊能力が顕現し、22歳の頃から強まる霊能力に苦しむも、40歳を過ぎてから霊能の道に進むと評判が評判を呼び、相談が殺到。これまで悩める多くの依頼者の霊障問題などを解決してきた。現在、ナチュラルスピリットで不定期個人セッションも行っている。著書に『霊視の人 神事編』（ナチュラルスピリット）などがある。

梨岡京美公式サイト

第2回

『聞いておきたいお墓のあれこれ②』

墓を建てる

「遺骨は骨壺に」の落とし穴！

みなさんの考える「理想のお墓」とはどのようなものでしょうか。大きなお墓、豪華絢爛なお墓、スタイリッシュなデザインのお墓、故人の好きな言葉を刻んだお墓……なかには、お墓には入らないで自然葬をしたい、永代供養をしてくれる納骨堂で十分、といった考えの方もいるでしょう。しかし、ここでも知識がないと、後にいろいろ困ったことになりかねません。

私がこの世界に入ったときお世話になった、長谷《ながたに》地蔵尊の末富《すえとみ》住職が「骨壺に水が溜まる時があるんだよ」と教えてくれました。確かに、霊視をすると、お墓に「ん?」と感じることがあります。実際に開けてみると、骨壺がびちょびちょになっていることがとても多いのです。これは霊的な現象ではなく、物理的にそうなります。特に、山あいの湿気が多い場所では酷いですね。骨が除湿剤となって湿気を吸いますし、納骨室がコンクリートで固められていると水はけが悪く水浸しになってしまいます。

こんなことでは仏さんも寒いでしょう。そんな苦しみを訴えるために子孫の冷え症が治らない、といった現象でメッセージを送ってくることもあります。いったん納めてしまえば、納骨室を確認することなどありませんから、ご家族も、お墓を開けるとびっくりしますね。「こんな寒いところに……」と泣き出す方もいるほどです。

一番いいのは、遺骨は晒《さらし》か木の箱に入れて土に還すことです。そうすることで骨は自然に朽ちて土に還っていきます。

そのためには、お墓の下をコンクリートで固めず、底は土が見えるようにするのが理想です。墓石にも支えが必要なので、コンクリートで枠を作り、土の上に設置すると

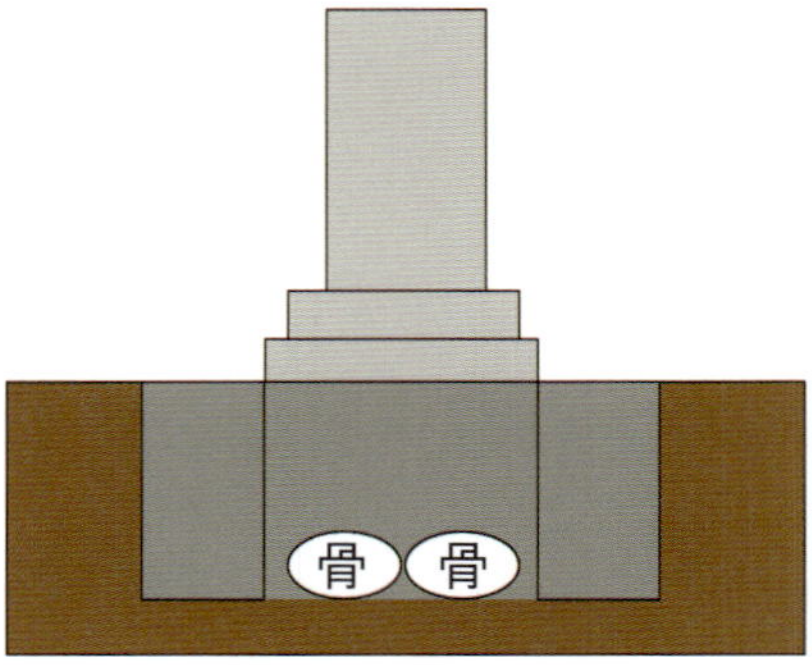

上図／カロート（納骨室）は、墓石の下には支えとしてコンクリートで枠を作り、遺骨を晒（さらし）に包み、土に還れるよう底は抜かしておく。

取材・文＝真佳千史

よいでしょう（前ページ上図参照）。

有田焼のような豪華な骨壺に入るよりも、土に還れたほうが仏さんは喜びます。

喘息を呼ぶお墓とは

なかには基礎から墓石、納骨室まですべてをコンクリートで固めてしまう方もいらっしゃいます。雑草が生える心配はないし、まるで石像のような立派なお墓になったとしても、これは望ましくありません。

ある方は、お孫さんの喘息がなかなか治りませんでした。一般的には、ほこりやアレルギー物質のせい、ということになるでしょう。でも、他のお子さんには何の問題もなく、その子は長男筋なので霊障の疑いがある。そこでお墓を確認したところ「やっぱり」となったのです。

喘息というのは最近の病気ですよね。昔のお墓はシンプルに土の上に建っていましたから、こんな霊障はありませんでした。コンクリートづくしでは、仏さんは呼吸もできず、首を絞められたような状態になってしまいます。土を残したり通気口を作ったりして、風通し良く納めてあげてほしいですね。

また、仏壇の位牌と同じく、スペース重視で5人家族なのに納骨室に4人分しか遺骨が入らない、といった狭い設計も避けてください。

理想のお墓はとてもシンプル

理想のお墓は、2つの台座に細長い棹《さお》石が乗った一般的なものです。この3つの石が天地人を表します。霊園でよく見られる、横長や半円の棹石に「やすらぎ」といった言葉を入れた洋風のお墓はあまりお勧めしません。

大きさは、しゃがんだ時に墓石の上部が自分の目の位置に来るくらいがベスト。ものすごく大きいお墓を作る方もいますが、その分自分の好きなように作ってしまい、結果、家を衰退させるようなお墓になってしまうこともあります。

五輪塔はあったほうがいいですね。墓石に「ほとけ」の文字を刻印する場合は、「仏」ではなく「佛」にしましょう。

石選びも大切です。お勧めは灰色の御影石。黒い石、光沢のある石など、人の顔が映るような石は仏さんが嫌がります。また、海外産の安価な石は、水が染みて風化したり、苔が生えたりするだけでなく、劣化もしやすいので注意してください。

墓石は灰色の御影石で、2つの台座に細長い棹石が置かれた三段型が理想（梨岡さん撮影）。

生きた人間よりも仏様優先

お墓は仏さんを供養するものです。人間は死んだら土に還ります。草が生えないようにコンクリートで固めたり、見栄を張って過剰な装飾をしたりと、生きている人間の都合で作ってしまっては痛い目に合います。

前回の「墓じまい」同様、お墓を建てることに対しても、ほとんどの方がお寺さん、葬儀屋さんに任せてしまうのではないかと思います。しかし残念ながら、プロと呼ばれる人たちも正しい知識を持っているとは限りません。引き続き、私の霊視と検証から学んだことをお伝えしていきますので、ぜひお役立てください。

次回は、自然葬や納骨堂など、新しい形の供養の方法についてお伝えします。

市村よしなり。さんが実体験から得た気づき

第13回

『あなたの願いが叶う
波動の法則
The Law of Hado』
市村よしなり。著
ヴォイス
1,700円＋税

市村よしなり。
未来創造コンサルタント。3歳から瞑想し、10歳のとき、父親の事業失敗により一家夜逃げを経験し、小学生でIT関連の事業を起業。現在は国内外で複数の法人を運営しながら、YouTubeや各種SNSで、気づきと目覚めのきっかけとなる情報を発信。また、「スターシード☆オンラインサロン」「未来創造サロン」「波動の学校」などを通じ、宇宙的マインドを持つ新時代の人材を支援・育成。著書に『人生で大切なことはみんなRPGから教わった』（バジリコ）、『こもる力』（KADOKAWA）など多数。

公式サイト

**気づきと目覚めのきっかけを発信し続けている
スピリチュアルリーダーとして人気の
市村よしなり。さんが説く、
「水について」**

文／市村よしなり。

水は情報を記憶する 水はすべてを知っている！

その土地の風土、気風が自分に合うかどうかを昔から「水が合う・合わない」といいますが、水はすべての情報を記憶しており、人間にとって最も重要な存在です。

水には固体・液体・気体だけでなく、実は情報を記憶する「第4の相がある」と米ポラック博士も証明しています（本誌14ページ参照）。

水の結晶写真を撮ると、美しい言葉を見せた水の結晶は美しく、汚い言葉を見せた水の結晶は醜くなります。人間も7割が水でできていますが、あなたの普段から発している言葉の波動と、あなたの思考の波動が今のあなたを創っているのです。

普段から使う言葉と思考を変えると波動が変わり、〝あなた〟もまもなく変わります。

水は5次元へ繋がる!?

水が情報を記憶することは、ポラック博士の研究でも証明されていますが、温度が下がり水が氷結する一瞬の姿を捉えた水の氷結写真には、その情報が映し出されます。水の結晶写真が垣間見せてくれる世界は、次元を超えた、見えない〝波動〟の世界です。

言葉や想いの波動を記憶した水の情報は、結晶写真として見える化することができますが、実は過去だけではなく〝未来の情報〟を映し出すことがあります。私自身、まだ取り組んでいなかった人生のテーマが結晶写真に映し出されたことが後でわかる体験がありました。

また、遠く離れた国で災害や戦争が起きるとなぜか地元の水の中の鉛や水銀などの有害物質濃度が上がるのも、水が時間や空間を超えて、量子的に3次元を超えた次元で〝意識〟とも繋がっていることを示しているのです。

水はエネルギーを蓄える

わずか300gの渡り鳥は、アラスカからニュージーランドまで1万2千㎞を約9日間休まずに飛ぶことができます。

体重（kg）×距離（km）＝カロリー（kcal）

これはどれだけ歩けばどれだけのカロリーを消費するかの式ですが、渡り鳥の場合、0.3×12000㎞＝3600kcal。脂肪1gのカロリーは9kcalといわれているので、渡り鳥の体重を超える400gの脂肪を燃焼させることが必要となり、計算が合いません……。渡り鳥は、太陽光を浴びながら飛ぶことで、体内の水にエネルギーを蓄え、飛行の力へと変えているのではないか、と近年科学者が発表しています。

私は、数年前に650万年前サナトクマラが降臨したといわれている京都の鞍馬寺を訪れました。殿地下にある幻想的な空間（宝殿）に行った時に、一緒に訪れた能力者の方が、「今大きなエネルギーがよしさんに流れ込んでいますよ」と教えてくれました。本殿を出た後さらに、「今、水の妖精がよしさんに付いてきてますよ」と言われました。そういったことは全く感じない私ですが、あれから数年間、なぜか水についての情報をまとめ続けることになり、私は今「あの時、水の秘密を多くの方に伝えていくお役目を頂いたのだ……」と感じています。

実は、水は太陽光などのエネルギーを蓄えることができるのです。また、実際に特定の方法で処理された水は、高いエネルギーを持つことができます。人間にも水だけで生きる〝不食〟な人がいますが、水と太陽光によって生命エネルギーへと変えているようです。

「水はエネルギーを蓄える。」今までの非常識が常識になる日もそう遠くはないでしょう。

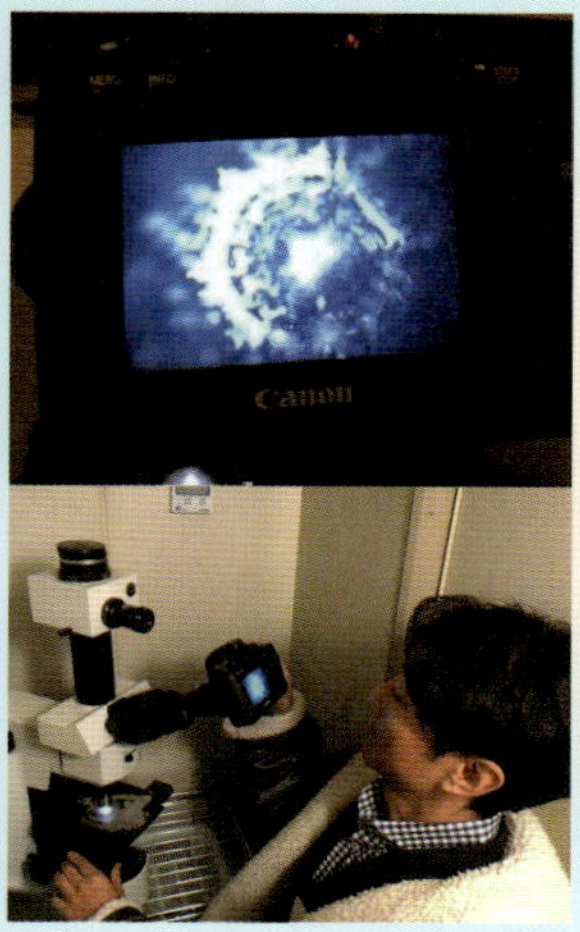

私が2018年に撮影した水の結晶写真には真ん中に星のマークが現れました。測定者のなんらかの情報が水の結晶に現れることが多いのですが、私はその時はまったく考えもしなかった、スターシードの情報発信を2019年に始めることになります。水は私の未来の情報を結晶として映し出してくれたのだと、今では実感しています。

「祈りの力」は水を変える！

祈りは人類が太古の昔から自然と行ってきた行為ですが、実際に効果はあるのでしょうか？

カリフォルニア大学で、心臓病の患者を2つのグループに分け、一方にだけ毎日人々から祈りを送ってもらったところ、送ってもらったグループでは、送らなかったグループに比べて5倍の人の病状が悪化しませんでした。ミズーリ州の病院では、患者を2つのグループに分け、一方のグループだけに他の人から祈りを送ってもらったところ、祈ってもらったグループの人たちのほうが、10％も回復が早かったという結果が出ています。

また、デューク大学の1986年〜92年の実験では、毎日祈りを捧げている人は祈らない人よりもずっと長生きしたという記録があります。

日本では1997年に350名が琵琶湖に集まり、祈りを捧げたあと、水が綺麗になり水の悪臭がなくなったという記録もあります。

祈りが生み出す心のエネルギーは、時空を超え〝波動〟となって確実に届き、影響します。それが「祈りの力」です。

私は蒸留水に量子波動機器で転写したさまざまな『波動水』を運営するカフェや、ネット通販で多くの方に長年提供してきました。水に情報を記憶させたり、構造を変化させたり、エネルギーを付与することができるという『非常識』も、ここ数年で受け入れられ、一部の方には『常識』となってきました。
近い未来、多くの方が水の持つ素晴らしい力を知り、その力を使う日が来ると思っています。

私は昨年、世界水祭りの中で世界と繋がり、シャスタ山にて祈り合わせの儀式を行いました。その時に持ち帰ったシャスタの聖水と呼ばれる水を、私が保有する量子波動機器で波動を取り込み、クライアントへの波動調整ワークの中で使っているのですが、多くの方の“心身の浄化”に影響するというデータを目の当たりにしています。
さまざまな聖地と呼ばれる場所は、実は特別な水を守るための場所だったという説がありますが、祈りの力も合わさって繋がった水のエネルギーは人の意識にまで作用するようです。

水は神

日本の神道では、古くより「神は火水なり」という言葉があり、「神とは、火と水である」と伝えています。言葉には「言霊（コトダマ）」という目には見えない凄い力があるといわれますが、「火」と「水」と書いて、カミと読めるのも日本語のコトダマに意味があるからです。

熱い火と冷たい水、垂直に立ち上がる火と、落下して水平になる水、のように、真逆の性質である火（カ）水（ミ）を統合することが、すなわち神（カミ）へと至る道であるということです。

また、火は、太陽を代表するように天を意味し、水は、あらゆる生命の源であり大地を意味します。

私たちは天と地の恵みを頂き、その循環の中に生かされています。

そして、天と地を繋ぐのは、私たち人（ヒト）であり、神の分け御霊であり、この世界のクリエイター（神）である、あなたなのです。

私の魂のミッションは、「神はあなた」であると伝え続けることです。
日常で起きるすべての悩みや苦しみも、実はあなたが引き起こしています。あなたの中の観念がニュートラルになると、悩みや苦しみは消えます。たとえば家族の態度にカチンときたときがチャンスです（難しいですが）。あなたの「こうすべき」という観念を見つけてください。
もしあなたが神だとしたら、どう感じるでしょう？　すべてを創造したのは自分なのですから誰かに傷つき怒る必要もありません。日本には古くからすべてに神が宿っている「八百万の神」という考え方がありますが、みんな自分専用の宇宙を創造し、ただ遊んでいる「神」なのです。

第10回
大人気著者の
村松大輔さんが、
量子力学の観点から
レクチャー！

量子力学側から見た水のステキな世界

文／村松大輔

量子力学を取り入れた自己実現のジャンルで、著書が次々大人気となり、現在、セミナー講師や執筆などで大活躍されている、村松大輔さん。今号は、病気の治癒や悪化に「意識」と「水」が大きく関わっていることを説いています。特に「第4の水」や感謝の意識が体に良い影響を与えることに焦点を当て、意識の持ち方が健康に重要であることをレクチャーしていただきました。

同じ病気なのに治る人と悪化していく人の違い

同じ症状でも、治っていく人と悪化していく人。同じ症状でも、この病院だと治っていくけれど、別の病院だと悪化してしまうことがあります。

本人の意識の問題？とか、医者の技術レベル？とか、なぜかわからないけれど「信じた方がいい！」と思われているものもあるのかもしれないですよね。でも実は、そこに仕組みが働いている、と徐々に科学的に解明されつつあります。そして、そこに実は水も大きな関係があるんですね。

今日は、中学生にもお話ししている「21世紀最大の発見！　第4の水」も交えてお話しますね。そこを知れば知るほど、だからこそ水が大事であり、「わぁ〜！　マジで○○が大事なんだ……」って感じられると思います。ちなみに私は、「どのメーカーの、どの水を飲んだ方がいい」というのは一切伝えていません。いろんなメーカーさんでそれぞれステキなお水を出されていると思いますし、本誌の中でもいろいろと紹介されているかと思いますので、あなたの感じられるものを選んでくだされぱと思います。でも、どんなお水でも重要なのは「○○」なんです。その「○○」とは、なに？

21世紀最大の発見！第4の水

「水が記憶媒体」であることを裏付ける証明となる学説として、「21世紀最大の科学の発見」ともいわれている「第4の水」、ご存じでしょうか？

みなさんご存じ。水って、①氷②水③水蒸気と、3つの状態に変化しますよね。なんと！「第4の水」とは……。④に該当する状態があるん

村松大輔　（むらまつ・だいすけ）

一般社団法人『開華』GPE代表理事。東京大学工学部卒業後、家業へ。13年目でうつ病。その後、自分を大切にすることで1週間で復帰。大学で学んだ量子力学を生き方論へアレンジ、開華塾生徒も偏差値80台、スポーツも日本代表や全国出場など多数。2025年3月現在、学校や企業などで講演1650回以上、11万名が受講。芸能界やプロ選手・大学運動部にも広がる。国の教育立国推進協議会発起人。著書累計38万部、月刊『致知』に3回掲載。YouTube8万人登録。

『開華』ホームページ　http://kaika.jp/　　公式ライン　https://lin.ee/Jy4bjwFV

です。それが発見されて、氷や水や水蒸気とは違う性質を持つので、「21世紀最大の科学の発見！」なんです。

どんな状態か？　詳しく知りたい方は、下にあるQRコードをご覧くださいね。

出典／Global Community webマガジン

さて、該当する④の状態、それが「④液晶状態」です。

① 氷　H_2Oが隣同士全部くっついている状態。

② 水　H_2Oがそれぞれくっついていない状態。

③ 水蒸気はH_2Oが離れて飛び回っている状態。

④ 液晶状態　H_2Oがハチの巣のような形の6角形で繋がり合って下敷きのような板になり、その下敷きをたくさん重ねている状態。

この液晶状態の時に、すごいことが起きています。なんと！「光を保存する！」　へ？　村松さん、なんでそんなにびっくりすることなんですか？って。

「光を保存する」というのは、私たちの意識は光（＝フォトン、という光の素粒子）であり、いろんな電磁情報も光、です。つまり、液晶状態の時は「その水は意識を保存している」んですね！

え⁉　そんなすごい「第4の水」ってどこにあるんですか？　それが実は、細胞液、脳のお水、血液、野菜の中の水などの中の水が全部！「第4の水」なんです。つまり！「あなたの体の水は、意識を保存している」んです。

図１　【水の４つの層】

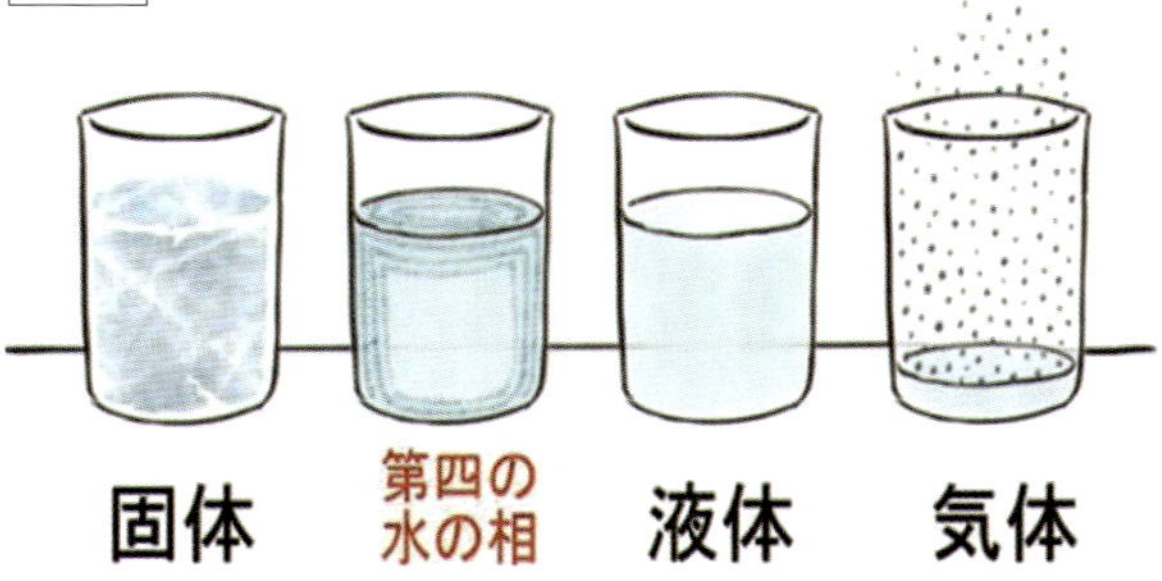

出典／4th water 様ホームページより

図２　【第４の水の詳細】

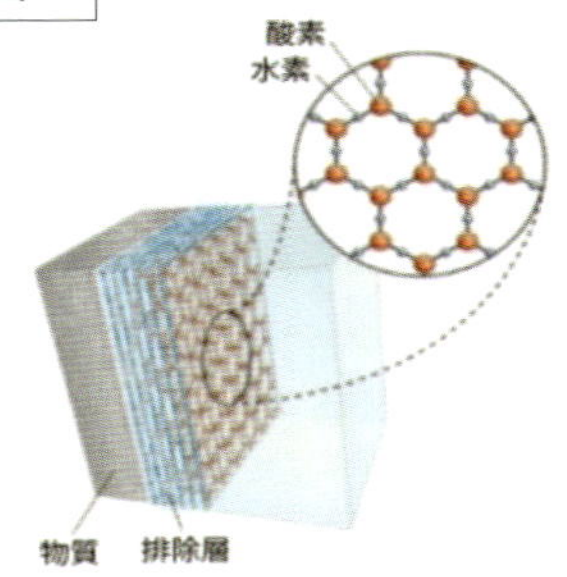

出典／4th water 様ホームページより

スタンフォード大学のブルース・リプトン博士は、病気の原因は次の3つだといっています。

① ネガティブな意識

② 毒物

③ トラウマ

ここでいう「毒物」とは、農薬や添加物などの化学物質を指します。そして、1つ目の「ネガティブな意識」には、「これは食べちゃいけない！」といった否定的な意識も含まれます。

①②③の3つの病気の原因は「光の情報」です。ということは、ご自身の体にそのような情報を保存しているので、病気になっていくんですね。

ここまで読んできて、最初に書いてきた「マジで○○が大事なんだ……」の○○、わかってきたでしょうか？　そうです。「○○」＝「意識」。マジで意識が大事！

体液は外から入れた水！

あなたの身体は、水が70％っていわれていますよね。たとえば、脳みその水／細胞の中の水／血液／リンパ液／涙／汗／おしっこなど、いろんな種類の水がありますよね。その水って、汗やおしっこで外に出ていきますが、ではその水はどこからもらってきたものでしょうか？　それは「口から取り込んだ水」です。飲み水や野菜の水分などです。脳みその水や細胞、血液の水は全部！　口から入れた水です。ビールやジュース、みそ汁、サラダの水分があなたの脳みその水になっています。その水が、毒物（添加物、農薬）が多いと、あなたの細胞はその毒物にドブ漬けになっちゃっています。すると、「体に良くない」って意味がわかりますよね。「じゃ、この水ダメじゃん！」って「ダメ！ 良くない！」っていう意識を持っていると、「否定の意識のフォトン」を出すので、その「否定の情報を水が保存」しているから、体の中の水をさらに悪化させてしまうんです。

「え！ じゃどうすればいいのよ！」

水を無料で良くする方法！

あなたの体を良くする方法。しかも無料！ それはどうすればよいか？

それが「意識」です。相当量の農薬などの化学物質は、通常の人の意識では良くするのは難しいですが、「意識」の中でも最強のエネルギーといわれているのが「感謝」です。「イライラの意識」や「否定の意識」＝批判の意識」を最強のエネルギーである「感謝の意識」でエネルギーを高めることができます。あなたの体の水が、「感謝の意識情報を保存」していたら相当すごいですよね！ 今の時代、いろんな人たちからのストレス情報や添加物などから逃れることは難しいので、一番いいのは、「感謝して水や食事をいただくこと」。そして「日常の生活に感謝すること」です。

〝お礼〟と〝感謝〟は違う！

「そんなこと言っても、そんなに感謝することないですよね？」って思う方もいるかもしれません。その人は、〝お礼〟と〝感謝〟を勘違いしているかもしれません。

〝お礼〟は、「何かしてもらったら、ありがとうを伝えること」であり、〝感謝〟とは、「ただ、ただ、ありがたいと浸ること」です（村松の個人的な感覚です）。

家族にご飯を作ってもらって、「ありがとう」を伝えることは〝お礼〟です。

一方、「スーパーで簡単に手に入って、豚肉などたくさんの生命をいただきながら、いろんな調味料を開発してくれた歴史上の人たちがいて、料理してくれる人がいて、こうやっていただける。なんとありがたいか……」と、浸ることが〝感謝〟です。

すると、探せば探すほど、〝感謝〟ってたくさん出てくるんですね。こうやって「浸ること」って無料！ そのとき、あなたの体の水は、どんどん「感謝の情報を保存」して、あなたの細胞もエネルギーが高くなっていきます。

「1日に〝ありがとう〟を1万回言うと、ガンが治る」って聞いたことがある人もいると思います。これは、〝ありがとう〟を言っているうちに、だんだん意識が「本当にありがたい」となって浸るようになって来るので、その方の細胞がどんどん感謝になります。病気とは真逆なので、「癌が治る」というのも説明がつくんだろうな、と私は考えています。

実際に、私がさせていただいている開華セミナーにいらっしゃる方でも、癌が消えていった人たちが数名いらっしゃったり、長年の突発性難聴が消えているなど改善された人もいます。これを「奇跡？」と思うかもしれませんが、実は「意識」なんです。

雨も雪も植物の水も使い回し

あなたの体をさらに！ 最強感謝状態にする考え方をお伝えしますね。

あなたの中の水は、口から入れたものですよね。その飲み水や野菜の水分。それは数カ月前までは雨や雪であり、その前は雲です。その前はもしかしたら水溜まりの泥水、トイレの下水かもしれません。

「えっ！ 泥水？ 下水？ 最悪！ 汚ないじゃん！」って思いますよね。でもね、その泥水も、工業用水や下水で出た水も、海へ流れること。蒸発することで汚れが取れること。雨が降って川の石や岩で叩かれることによってミネラルが含まれること。こうやってね、「大自然の営み」で天然水として蘇っているんですよ〜。こういうことを知れば知るほど、「なんとメチャメチャありがたい……」ってなってきますよね。

海から蒸発して雨で降って流れてきて、川上の方はそのまま飲めます。この循環システム、無料じゃないですか。「わぁ〜、ありがたいなぁ〜」ってなりますよね。地球はすごいことをしてくれているんです。そして、その循環をもらって私たちって生かされているんですね。

ヒトはそもそも自然の生きもの

この原稿を書いているのは、人生4回目となるインド旅行の帰途の飛行機の中です。

今回のインド旅行も、また深いことを教えてもらいました。

「ヒトはそもそも自然の生きもの」だ、ということ。魚やリス、昆虫、植物って争わず、必要以上の殺し合いってしないで、自然の調和の中で生きて寿命で亡くなって、肉体は誰かのエサになったり微生物に分解されて土に戻る。「ヒト」という生きものも、実はその「自然の生きもの」なんですよね。

インドでの瞑想風景。

でも、化学物質（添加物や化学調味料、薬など）がどんどん作られて、体に取り込まれていくうちに、自分が「自然の生きもの」であることを忘れてしまっていると思うんです。

「どの水を買ったほうがいい」「どのサプリがいい」「これは食べちゃダメ！」ってたくさん考えて、たくさんお金を使って。すると、「自然の生きもの」であることを、どんどん忘れてしまうんじゃないかなって思うんです。

体にいい水を摂ることは、「水は意識を保存する」という意味でもすごく重要なこと。でも、「いい水を摂ること」に一生懸命になり、「この水はダメ！」と否定の意識を広げてしまうと、「健康食品を食べているのに痩せ細りすぎて体調を壊してしまう」という方もいらっしゃるのは、物質レベルでの「良い・悪い」で一生懸命になっているからでは？　って思います。

もっと根底に、「私たちはそもそも自然の生きもの」っていうのがあって、そこを思い出してあげることが「本来の生き方」だと思います。そのレベルに意識を置きつつ、良い水を摂取してあげることはすごくいいことです。でも、「この水はダメ！　こっちの水の方がいい。」っていう状態では、感謝の意識が出ていないので、さほど良くならないのでは？　と思ってしまいます。

水への感謝から平和な人生、そして平和な地球へ

だからこそ、水への感謝です。体の70%が水でできていて、そこに「意識情報を保存する」ので、どんどん体が感謝状態になっていきます。その感謝の水になっている体から、感謝のフォトンが飛び出して、周りの世界を感謝で揺らす。すると感謝の世界が広がっていく。

まさに、あなたの意識があなたの体の環境を良くしていきます。あなたの水の意識情報を通して周りの水にも素敵な愛と感謝の情報を響かせ、あなたの周りの世界を愛と感謝で揺らしていきます。その世界が本当に居心地良く、幸せなのでは？　って思います。

「どんな水を買うか？」よりも、重要なのは「どんな意識で水をいただくか？」ですね。それは、「ヒトはそもそも自然の生きもの」だから。

光のメッセンジャー

マギー・ホンの 私が見た、さまざまな視界《せかい》

第12界

運命のターニングポイント

風水ビジネスコンサルタント、四神風水鑑定士協会代表、スピリチュアルティーチャー、チャネラー、マスターヒーラーなど、さまざまな能力を持つマギー・ホンさん。今回は、精神疾患と潔癖症に悩まされていたあるクライアントさんが、スピリチュアルな学びとヒーリングを通じて劇的に変化を遂げた体験談をお話ししていただきました。

文／マギー・ホン

絶望の中での模索

クライアントさんの一人が、精神科・心療内科での治療を続けても症状が改善せず、人とのコミュニケーションもうまく取れない状態でした。常に言葉にできない恐怖を感じ、また被害妄想とは異なる漠然とした不安に苛まれていました。

同時に重度の潔癖症も抱えており、手を洗うのに数時間を要することもあり、布団に触れることができず、真冬でも床に布団なしで寝る生活を送っていました。コンロのつまみを触れることができず、携帯電話は二重にビニール袋で包み、使い捨て手袋をしないと触れないほどでした。

ある時期、このクライアントはいじめやストーカー被害に遭い、会社へ行くことも、生きることさえも辛い状況に陥りました。

最初のセッションで彼女が私に尋ねたのは、「会社を辞めてもいいですか」と、「自分は良くなりますか」という問いでした。

目に見えないヒーリングやスピリチュアルの世界に足を踏み入れるのは、大きな勇気が必要だったはずです。

しかし、彼女は〝藁をもすがる思いで〟その世界に飛び込んだと、後に振り返って語ってくれました。

マギー・ホン
台湾生まれ。洪門ドラゴンエネルギー継承者。生まれ持つ他に類を見ない確かなサイキク能力とクリエーション才能をもつ。幼少時より陰宅風水師である父より四神風水・東洋占い・浄霊召神法を継承。道教修行、密教修行、西洋神秘学上級指導者。40年間にわたり7カ国のべ10万人以上の指導歴を持つ。
https://ameblo.jp/crystalbee/

人間は単なる肉体だけの存在ではなく、「感情体」「精神体」「スピリット体」といったエネルギーの層を持っています。すべてはエネルギーであり、病気や事故、あらゆる問題の背後には、エネルギーの滞りや乱れが存在しているのです。

時には、その原因となるエネルギーが、何百、何千もの因縁と絡み合っています。そのため、一度の浄化だけでは解決せず、過去世のカルマや家系に刻まれたエネルギーを根気強く解きほぐす必要があります。横の繋がり（家族や周囲の影響）と縦の繋がり（過去世からの因縁）を浄化し続けることが重要なのです。

心が迷わないように進むべき道を示すヴァイキングコンパス。

希望への歩み

このクライアントは、自身の心が軽くなったことで、スピリチュアルの学びを始めました。途中で挫折することもありましたが、休みながらも立ち直り、数年かけてヒーラーとしての道を歩むことになりました。最終的には、自分自身のエネルギー浄化だけでなく、家系や土地の浄化にも成功しました。

現在では、多くの人に頼られるヒーラーとなり、後輩からも慕われる存在です。特に実家の家系と土地の浄化では、悪い風水だった場所が周囲の再開発を引き寄せ、結果的に良い風水の家相へと変化するという驚くべき出来事がありました。

さらに、彼女はグローバル企業の正社員となり、現在では会社から信頼される管理職として活躍しています。

あれから15年が経ちました。彼女は「最初のセッションがなければ、今どうなっていたか、考えると怖い」と話してくれます。

彼女の人生を透視し、リーディングやヒーリング、エネルギーワークを重ねるたびに、彼女がギリギリのチャンスをしっかりと掴み、成長していく様子を目の当たりにしました。その努力はけっして容易なものではありませんでしたが、彼女は見事にやり遂げたのです。ヒーラーとして、こんなに嬉しいことはありません。

密教を学んでいた際、導師がこんな言葉をかけてくれました。

「苦しい人生に感謝しなさい。それがあるからこそ、あなたが成長するチャンスが得られるのです」

彼女の魂が大きな挑戦を乗り越え、輝きを増していく姿を見られたことに、心からの感謝と感動を覚えます。

山口和俊の見えない存在に知らされた

天の岩戸開き

Vol.14 逆境で輝くあなたの光

身をもって知った波動領域

今号は水の特集ということで、少しだけ水の話をしてみます。

水は地球の代表選手とも呼べる物質であり、条件によって個体、液体、気体へと変化する摩訶不思議な物質です。そして、地球の生成物である動植物は、水なしでは身体を維持できません。以前にも書きましたが、僕はこの水によって波動領域というものを身をもって体感しました。龍が僕の身体に入った時に「死んだ方がマシ」というほどの苦しみを味わったのですが、その苦しみの原因は、龍と人間の「波動」や「周波数」と呼ばれるものの違いによる不協和音だと感じたのです。この体験は、これから起きるであろう大変革がどのようなものか、多くのヒントを与えてくれました。

僕は幼い頃から弦楽器をイジっていましたから、それがわかったのです。地球上のあらゆる物質は固有の発振をしており、それが物質を形成していると考えられるワケですが、その土台は地球が発する振動、すなわち波動領域だと思っています。この波動を自らの意思で多少変化させることができる人が、俗にいう霊能者や超能力者なのではないでしょうか。僕の親友でもある超能力者の清田益章くんも、利己的な「念力」ではなく、利他的な「祈り」へと進化しています。それは、彼がこれから起こる地球の波動域の大変革を、無意識に感じているからでは？と僕は思っています。

いま知ってほしい事実 目に見えない現代の戦争

「戦争」と聞いて、あなたはどのようなイメージを抱いていますか？きっと大多数の方は、現在ウクライナやイスラエルで起こっている戦闘を想像するのではないでしょうか。そして、遠い国の戦争だと憐《あわ》れんでいるかもしれません。しかし、日本国もこれらに直接参加していますし、実際に戦争状態といえるのです。当事国にとって、自国の「敵」に支援をしている国も、同じ「敵」ということになります。その意味において、ロシアや中国にとって、日本は「敵国」ということです。

国連でも、第二次世界大戦におけるドイツ、イタリアは、戦後すぐに「敵国条項」を外されましたが、いまだ日本は条項を外されず「敵国」のままなのです。

前回の記事で「地球は2種類の龍の遊び場」という話をしましたが、別の見方をすると、「日本に残された龍と、日本以外の国々を制圧したドラゴンの戯《たわむ》れ」と読み解くことができます。実はこれには地球の進化にとって、必然ともいえる壮大な意味があるのです。

僕が視て体験した未来年表

この話は、僕が視た未来の一つだと捉えてください。未来は流動的であり、けっして恐怖を煽るような話ではありません。

1960年代。米国は決定的ともいえる戦術を発案し、それを冷戦時代のソ連に対して実行しようとしました。まず、不作に苦しむソ連に対して「援助」という名目で大量の食料を輸出し、次第に自給率を掌握しつつ、西側からの輸入食料抜きでは食べられないという状況を構築する計画です。しかし、この計画は米国の不作と、ソ連が気づいたことにより回避されたのです。

この話、どこかで聞いたことないでしょうか？　そうです、水を含めた進化版が今の日本に仕掛けられています。昨年から主食である米が投機対象となり高騰が続いていますが、減反政策と共にこれもその一端であり、全国に均等に設置された原発や空港も、「攻撃対象」という既成事実を担っています。これにプラスして、政治、経済、思想までもが席巻されている日本国は、すでに死んでいるといえるのですが、そこへ断続的な災害がもたらされ、他国の侵略による神社仏閣の破壊と共に、文化までもが奪われます。まさに泣きっ面に蜂ですが、そうはイカのキンタマであり、この未来に恐怖する必要は全くありません。なぜなら、その計画は99%成功するのですが、とある最後のポイントで「壮大なちゃぶ台返し」が起きるからです。それを私たちは「天の岩戸開き」として知らされています。

あなたが解放されるとき

人は覚醒すると、どのようになるのでしょうか？

僕は物理的な4次元世界で、少なくとも4回、タイムジャンプの過程で空中浮遊状態にある時を入れると、多くの覚醒状態を経験しました。この二つには大きな違いがあり、前者では、現在の意識や肉体を保ちつつ、時間や物理法則からの解放が可能です。一方、後者は、個という概念は薄れ、すべてを悟った状態で、ただ観察しているというものです。そこには何の感情もありません。

これから、地球は大きな進化に挑戦するのですが、その前に私たちがなぜ日本に暮らしているのかを知る必要があります。次々と襲う惨劇の過程で、覚醒へと至る人々も生み出されますが、その前にやるべき役割があるからこそ、私たちはこの国に暮らしています。

世界から注視されるなか、日本は憐れむべき国といわれるでしょう。この時こそ、あなたの魂の奥の奥に隠された力を発揮する時です。あなたの行動が世界中の人々の覚醒トリガーとなり、新しい波動領域の地球で生きるための礎《いしずえ》となるのです。どうでしょう？　ワクワクしませんか？　これらの未来を闇と取るか、光と取るかはあなたの自由意志です。

次号では、それらが「いつ」「どのように」起こるのか、具体的に綴ってみたいと思います。

山口和俊
やまぐちかずとし／東京在住。会社代表取締役、バイク・ビルダー、ワークステーション・ビルダー、ミュージシャン、写真家など、肩書きは多岐にわたる。1999年に自費出版で『ZERO CHOPPER SPIRIT』を刊行。「セレブだけが持つバイブル」との口コミが拡散し、世界中のアーティストやハリウッド、欧州老舗ブランドなどへ多大な影響を与えた。10年前から経済活動を停止し、大峠へ向かい爆進中。

Chelsy先生の

世界史魂！

④『東日流《つがる》外三郡誌』と津軽

偽書の一つとされる『東日流外三郡誌』を、
津軽生まれの筆者が語ってみる回。

文・写真／Chelsy

青森県五所川原市飯詰方面からみた神山・霊山として知られる岩木山。

『東日流外三郡誌』の謎

『岩戸開き16号』で、とある人気YouTube番組のシナリオライターをしていた頃、『神皇紀』(『宮下文書』をもとに三輪義熈氏が著した概要書)を読み解いてほしいという依頼が来たという話を書いた。前回の17号では偽書および歴史を切り拓いた人々について、さらには『旧約聖書』はフィクションではないのではないか、ということを、とある歴史上の大事件とともに科学的視点から取り上げた。今回は、直接的な内容としては16号の続きということになる。

もともと偽書という存在に興味があり、偽書の一つとされる『東日流《つがる》外三郡誌《そとさんぐんし》』が発見された場所が祖父母宅のわりと近くだったため、以前そのエリアを訪れたことがある。

『東日流外三郡誌』とは、古代の津軽地方(東日流)にはヤマト王権から弾圧された民族の文明が栄えていたと主張する、数百冊にのぼる(らしい)膨大な文書だ。発見されたのは、青森県五所川原市飯詰という、用事でもなければ通りかかることもなかなかないような場所。実際この書を知るまでは、全く知らないエリアだった。なぜこのような場所で……？　と疑問に思うものの、遮光器土偶で有名な青森県つがる市木造(JR五能線の木造駅は、遮光器土偶の巨大モチーフの駅舎で有名)の亀ヶ岡石器時代遺跡とも近かったり、何かしら古い歴史が感じられるエリアではある。

そんな『東日流外三郡誌』には、ある人物が登場する。その人物の名前は「長髄彦《ナガスネヒコ》」(『日本書紀』での呼び名。『古事記』では那賀須泥毘古、登美能那賀須泥毘古など)。日本神話で神武天皇に敗れたとされる人物だ。『東日流外三郡誌』での概要をまとめると、安日彦《アビヒコ》と長髄彦の兄弟(もしくは安日彦、武渟川別《タケヌナカワワケ》、長髄彦の三兄弟)が現在の奈良県を治めて平和に暮らしていたのが耶馬台国で、日向(現在の宮崎県)にいたのが「日向族」(神武天皇の一族)だった。大和の地を巡り両者が激突した結果、安日彦は片目を射られ、武渟川別は片腕斬断、長髄彦は片脚を失い、遠く津軽に落ち延びた、というものである。『東日流外三郡誌』は、アカシックレコードによれば完全に偽書ではないとのことなので、これを信じるならば、ベースとなる元の話があったとも考えられる。この周辺に「鬼」が付く地名が多いのもヒントになるかもしれない。

ちなみに、この原稿を書いている時に、たまたまYouTubeのオススメ動画に「怪奇な歴史研究室」という番組が表示され、なんとそのタイトルは『【ナガスネヒコ】神武天皇に敗れた長髄彦と安倍元総理の因果』というもので、『東日流外三郡誌』が取り上げられていた。他には、『平泉雑記』や『曽我物語』など。その上で、この制作者の方が出した結論が、とても興味深いものだった。ぜひ

YouTube チャンネル
「怪奇な歴史研究室」

五所川原市飯詰の大日堂社。
大日如来が祀られているが、奥に蝦夷討伐で知られる坂上田村麻呂が鎮座していることに複雑な気持ちを抱いてしまった。青森には坂上田村麻呂関連のものがとても多い。

ご覧いただきたい。実際に自分の目と足で歴史の真実を追うスタイルで、他の動画もとても面白い。諸々考慮に入れると、なぜその後も東北が執拗に討伐され続けたのかがわかるような気がする。

　改めて思うが、歴史が続いているという世界観で生きている以上、歴史は続いているのだ。個人的には津軽弁は単なる訛りというよりも、「蝦夷の言葉の名残」と考えた方がしっくり来る。そのくらい単語もイントネーションも何もかも違いすぎる。弟は祖母の言葉がわからないことが稀にあり、こっそり尋ねられたものだ。「言葉」にもヒントがあるかもしれない。ちなみにそんな弟の顔は、あるブリヤート人の写真に出てくる男性と他人の空似とは思えないほど似ており、日本人バイカル湖畔起源説（日本人の起源がブリヤートのバイカル湖あたりであるとする説）を信じざるを得ないでいる（笑）。

縄文と古代メソポタミア

　さて、『神皇紀』の話に戻る。『神皇紀』を読みながら、手書きで神々の系図などを作成していくと、もう一つの日本の歴史が見えてくるような気がした。『東日流外三郡誌』とも通ずる部分であるが、東北出身者として妙に腑に落ちる点がある。主人の実家があった徳島についても、地元民しかわからないようなマニアックなことがサラリと書いてある。そんな『神皇紀』を読み進めていくうち、こんな記述に出会った。

　時は天之御中世火高見神十五代。「天つ日嗣大御神の御紋章は、日輪に十六筋の光明を附せるものと定め、また神后の御紋章は、月輪に五三模様の雲の形を附せるものと定められた。」日輪に十六筋の光明！　たちまち頭が大英博物館にトリップする（15号参照）。この時代が天之御中世火高見神十五代というのも気になる。漢字は違うが日高見国といえば、かつて東日本に存在したのではないかとされる存在で、「日高」にまつわるような地名もたくさんある。ここには、消された東日本の歴史が書かれているのではないか――そしてこういったことが隠されているから、東北出身の自分としては、現行の日本史がどうにもしっくりこなかったのかもしれない、と。

　そしてこれは世界史とも繋がる。なぜ古代メソポタミアの地に同じような紋章が存在したのか。それは、縄文時代に日本に住んでいた人々が高度な技術を伴って世界に渡っていき、土着の文化・人々と混ざり合いながら、そして宇宙意識からさまざま教えられながら新たな文化を形成していったからではなかったのか。（アカシックレコード的にはそうらしい。）

　ある甚大な自然災害による気候変動によって、世界に出て行った古代日本人たちが存在したと思えば、世界と日本の歴史の謎が面白いほどにいろいろと繋がり始めるし、単純にそのように考えた方が面白い。縄文人が遠くまで渡っていく技術があったというのはずいぶん前からわかっていたことであり、世界は昔から繋がり交流していたのだ。自然とともに生きた彼らはきっと高次元の存在からのアドバイスも自然と受け取っていたのだろう。人類史が大きく変わったのは紀元前3000年頃。ある意味、人類が文明化せざるを得なかった時代だ。（続く）

Chelsy（チェルシー）
東京学芸大学および同大学院修了後、出版社・コンサル会社を経て、国会議員秘書・高校教員として6年間過ごす。その後渡英し、5年間ほど当地で世界史講師や研究をする。本帰国後は都立高校教員・シナリオライターを経て、独自の世界史教育構築を目指し中。「世界史魂！」

特別編
皆川剛志の古典占星術の窓から見る日本

第８回 人類史初の知性革命と日本

『完全マスター 予測占星術』
皆川剛志 著
太玄社
1,700円+税

『ホラリー占星術 実践ガイド』
ペトロス・エレフセリアディス 著
皆川剛志 訳
太玄社
1,700円+税

西洋占星術でＡＩ時代を読み解く

もし私たち人類が地上最強の巨人族であったのなら、現在の科学的発展はなかったでしょう。人類は肉体的な弱さを自覚し、弱点を克服するヒントを他の動物から得ながら科学技術を発展させてきました。そして今、私たちは、単なる技術革新のひとつでは済まされない、大事件の只中にいるのかもしれません。

たとえば私たちは、肉体的な能力についてチーターの走力やライオンの強さ、鳥の飛翔能力には自分たちが劣ることをよく知っています。そして相対的な比較を当たり前のように受け入れています。一方、これまで「人間以上の知性を持つ存在」は神以外にはなく、人類は地上で最も賢い存在――そう信じてきました。

ところがＡＩの急速な発展により、「知性は人間固有のもの」とされる前提が大きく揺らぎ始めています。ＡＩの出現がもたらすのは、人類史上初の「知の相対化」です。これは人類の知性が絶対的な基準ではないことを認める、ということです。

この変化は、西洋占星術でいう「風の時代」の到来と符合します。風の時代は、情報、流通、貨幣、思考形態の変革、また価値観の転換を指します。前回の風の時代（１１８６～１３４５年）の覇者はヨーロッパにまで攻め入ったモンゴル帝国です。貴金属を担保としない国家紙幣を発行し、交通整備と治安維持で東西の流通を活性化させ、西欧と中東に多大な影響を与えました。

同様のインパクトが今の時代に起きるのなら、人の意識と知性が見直され、日本にとって１５０年ぶりのチャンスとなるかもしれません。

占星術から見る、日本人の特質とは

占星術の視点から「日本人のサイン」について論じつつ、この事件との関わりとゆく先を見ていきましょう。

「国家と国民性を12サインに当てはめる」という作法には長い歴史があります。また日本については乙女座説、天秤座説、水瓶座説などがあります。本稿で述べる日本人のサインに関する見立てはあくまで筆者の一案にすぎませんが、そこから見えてくるヒントとは何でしょう。

筆者は、日本社会の全体像をざっくりと捉えたとき、「双子座」の強い好奇心、「魚座」の共感力と受容力、そして「牡羊座」の先鋭的な職人気質が複合的に働いていると考えています。日本史を振り返れば、海外から新しい文化や技術がもたらされた際、積極的に吸収し、

それを土台に独自の高い完成度へと仕上げてきました。たとえば仏教や漢字の受容、明治期以降の西洋文明の取り込み、戦後の高度成長を支えた工業技術など、いずれの過程にも「新奇なものに惹かれる双子座的好奇心」「それを取り込み、自文化と融合させる魚座的溶解力」「改良を重ね、より完成度を高めようとする牡羊座的な職人気質」の三拍子が見え隠れします。

しかし近年、長引く経済停滞や将来不安などの複合要因によって日本社会において、好奇心をかき立てられる出来事は減り続けています。意欲や活力を喚起する題材が不足し、新しい局面へ踏み出せない――そうした空気感は否めません。占星術的にいえば、「双子座的好奇心」が消滅し、残りの魚座的共感性、牡羊座的競争心や職人気質だけが残っている、という状況です。つまり「知の相対化」は、日本人の眠れる好奇心を再び呼び覚ます起爆剤となり得る――これが本稿の主旨です。言うまでもなくＡＩは科学技術です。しかし、**事件の本質は人類の知性が絶対ではないという、哲学的体験にあります**。そしてそれは現在、私たちの日常にとても静かに浸透しつつあります。

ＡＩ技術と、日本の転機

さて２０１６年、ＡＩ（Ａｌｐｈａ Ｇｏ、アルファ碁）が、プロ棋士のチャンピオン、イ・セドル氏を負かした事件を覚えているでしょうか。囲碁でＡＩに勝てる人類はもう地上にはいません。ところがその後、完全敗北を受け入れ、ＡＩの打ち手を学ぶ棋士たちは、以前よりも強くなっているというのです。同様に、私たち人類の多くは知性面において最強でないことを受け入れ、初めて人の愚かさと、人にしかできない優れた点を認めることになるでしょう。それが知性のターニングポイントです。

さて、ＡＩ技術、特に生成ＡＩが日本人に合っている理由はいくつかあります。まず注目したいのは、生成ＡＩが「組織の仕組みを壊さず、個人の技量や創造力を直接拡張できる」点です。組織が強固かつ上下関係が厳格な社会でも、個々が自分の専門領域を伸ばす道具として使うことで、仕組みを破壊しなくても新しい価値を生み出せる可能性が非常に高いのです。

本稿執筆中、ソフトバンク社とＯｐｅｎＡＩ社の合弁プロジェクトが発表されました。政府もＡＩ導入に向けて２０２３年から素早い動きを見せています。通常、新技術の制度整備や導入は遅れがちですが、今回は異例です。これも、久しく好奇心が揺さぶられ、ＡＩが国全体のあり方を根本から変える新技術であることを、潜在的に多くの日本人が感じ取っているからなのかもしれません。

日本は大きな転機を迎えるとき、外部からの刺激を柔軟に取り込み、独自のかたちに昇華することで勢いを取り戻してきた史実があります。ＡＩという「異質な知性」がもたらす衝撃が、知性を相対化するほどのインパクトであるのなら、それはやがて「日本が本来持つ総合力」を再点火させる大いなる転機になるでしょう。

知性の分岐点では、人類の知性が向上するか、生物的に衰退するかの道が待っていると考えています。これについては別の機会に譲りたいと思います。

皆川剛志

みなかわたけし／1967年、横浜生まれ。幼少より天体観測に親しむ天文ファン。占星術を独学後、古典占星術をペトロス・エレフセリアディス、肉眼での天体観測を重視する天文占星術をルーメン・コレブに学ぶ西洋占星術師（QHP）。2009年から統計占星術サービス運営、占星術鑑定、天体観測会、ライブ講座を主催。美術学士（BFA）。株式会社Charapla Inc.代表。
SNSではアストログラマー（astrogrammar）を由来とする名前「ぐら」で活動中。https://note.com/astrogrammar/all

公式ブログ

ヘルメス・J・シャンブの

自由への旅路 18

サプライズ

奇跡とは？

　この人生において、もっとも美しいことの一つは、サプライズです。それは贈り物です。予想もしていない展開、想像もできなかった贈り物。それは一つの奇跡の形であり、神の顕現でもあります。

　奇跡とは、どういうことでしょう？　それは、神との一体化、いえ、私たちは神と一つであるという自己認識をもたらす道そのもののことをいうのです。それは地図であり、指針であり、確固たる道標であり、そして神そのものです。神から離れては、何一つ存在できないのですから。

　私たちは地図を顕現し、道そのものであるという事実を顕現します。それが奇跡と呼ばれているものです。「自分の思い通りに何でも変えることができる」というのは魔術でしかありません。それにはその保持者である自我がおり、自我がいるということは、そこには奇跡はないということです。

受け入れ、受け取るということ

　奇跡とは、自我を消す光です。奇跡を体験したまさにその時、自我が神を受け入れること、そうして自我が神のもとへ帰る選択をする助けとなるのが奇跡なのです。あるいはまた、奇跡とは、そのような選択の時に、まさにサプライズとして起こるのです。

　私たちはこれまで、どのような贈り物を受け取ってきたでしょうか？

　受け取ることができたでしょうか？

　神はいつも私たちと共にいます。けっして、離れることはありません。すべてを為すのは神なのです。私たちは、この真実を受け入れているでしょうか？　積極的に、愛とその力を受け入れているでしょうか？

　神は、私たちを驚かせて、喜ばせるのが大好きです。「これは無理だ…」と肩を落とすとき、神はいつもサプライズを与えてくれるのです。あたかも、「どうして**わたし**を信じないのか？　どうして信頼していないのか？」とでも、囁くように。

　大切なのは、私たちが日々、どの瞬間も、どのように在るのか、ということです。というのは、その姿勢自体が非常に奇跡に関係してくるからです。

コップの中身を空っぽに

　まず、自分自身に問いかけてみましょう。「私は受け入れているだろうか？」と。人は、基本的に拒否をしているのです。まずこのことをしっかりと理解しなければならないでしょう。

拒否とは、抵抗している、ということです。抵抗があるなら、不平不満や怒りと共に生きているということです。我慢や抑圧があるということです。たとえるなら、それはコップが水でいっぱいになっている状態であり、新しい水を注ぐことができない、注いでもこぼれてしまう状態と同じことです。

　では、すでにいっぱいになっているその水とは、何のことを意味しているのでしょう？　それは知識です。固定概念、これまで蓄積させ、保管してきた無数の信念や観念のことです。これらがある限り、人は奇跡を受け入れることができません。もっといえば、神とその真実を、あるいは無限の可能性というものを全く受け入れることができないという状態なのです。どんなに表面的に「神を求めています、信じています」と思っているようでも、果たして本当にそのような状態なのでしょうか？　これは非常に重要なことです。

　知識でいっぱいのコップには、新鮮な水が入ることができません。それが拒否をしているということです。抵抗しているということです。受け取る、受け入れる準備ができていないということです。あるいは、逆の言い方をすれば、恐れや苦しみを受け入れ、不可能だという信念にしがみついているということでもあります。

川のように、風のように

　では、私たちのあるべき状態とは、いったいどのようなものなのでしょうか？　神と共にあることを実感し、受け入れ、いつもサプライズとその温かな贈り物に喜び、まるで父に抱きついて大好きとでもはしゃいで伝えるような子どものように。

　それは、**あるがまま**、なのです。それは、**川の流れのように生きる**ことなのです。川の流れのように生きるとは、どのような状態なのでしょうか？　それはまさに無為自然の境地なのです。それを見出してください。そうすれば、贈り物がいつもそばにあることを知るでしょう。そして私たちの心はいつも喜んで神を褒め称え、そしてまた、私たちが与えることができるものもすべて神そのものであると知るのです。

　川の流れのように生きてみてください。良いことも悪いこともあるでしょう。でも気にしないことです。川そのもののように。どこからやってきて、どこへ行くのかもわからない風のように生きてみましょう。するとそれは悲しみではなくて、至高の喜びだと知る日が来るのです。

ヘルメス・J・シャンブ

1975年生まれ。30代前半、挫折と苦悩を転機に真理探求の道に入る。さまざまな教えを学び、巡礼の旅に出るが、最終的に「全ては私の中に在る」と得心、悟入する。数回に分けて体験した目覚めにより、ワンネスを認識し、数々の教えの統合作業に入る。『"それ"は在る』『ヘルメス・ギーター』（以上、ナチュラルスピリット）などを刊行。探求者たちに教えを伝えている。

・X（旧Twitter）
https://twitter.com/hermes_j_s
・note
https://note.com/hermesjs

note

『知るべき知識の全てI』
ヘルメス・J・シャンブ著
ナチュラルスピリット
2,150円＋税

連載
愛の源「在る」からのメッセージ

情報過多の時代の今こそ生まれやすい
「マインドの理解」と「本当の理解」のギャップ

リリ
1993年九州生まれ、23歳の時に起こった絶望を機に、意識の目覚めに導かれ悟りの道へ。それ以降、目覚めの体験が頻発し悟りの直観的確信を深める。現在は探究が終焉し「在る」としてのメッセージをあらゆる媒体、個人セッションなどで伝え続けている。

Vol.3
知的理解から直観的確信へのシフト

文／リリ

私たちは今、インターネットをはじめとするさまざまなメディアから、膨大な知識をいつでも手に入れられる時代に生きています。

ほんの数秒で答えを検索できる便利さは、時に「なんでも知っている」感覚を作り出すかもしれません。

しかし、その〝頭で知っている〟という感覚は、本当の意味での理解とは違います。

情報としての「知識」と、実際に体感レベルで腑に落ちた「理解」との間には、大きな溝があります。

これは以前、知人が教えてくれたエピソードなのですが、知人がインドの楽器を習っている時に先生からこう言われたことがあるそうです。

「インドの楽器を弾けるようになるには、まず細胞が変わる必要がある。インド楽器を弾けるようになるまではある程度の練習の実践が必要で、練習を継続しているとインド楽器を弾ける細胞が出来上がってくる。そうすると考えなくても自然と弾けるようになる」

本当の理解というのは、そのように細胞レベルで理解することです。

頭（思考・マインド）が理解していなくても全身の細胞が理解する時、それはただの表面的な理解ではなく直観的な確信としての理解です。

意識の目覚めにおいて何よりも大切なのがこの直観的な確信による理解であり、それはどれだけ知識をマインドに詰め込んでも得られるものではありません。

つまり、大切なのは「目覚めとは何か」を頭で知ることではなく、細胞レベルでの体感による確信です。

そのためには、真理そのものである「無条件の愛」を実際に体感しながら知っていくことが重要であり、それは「赦し」や「信念からの解放」、「感謝」や「慈悲・慈愛」や「明け渡し」などを体感することから見出されていきます。

それらの実践は私たちをマインドの知的理解の外に連れ出してくれ、思考が関与しない愛を教えてくれるのです。

その積み重ねが進んでいくと、やがて知的理解に頼ることが終わり、ただあるがままに寛ぐようになっていきます。

そこに分離はなく、愛だけがあります。

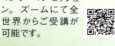

辛酸なめ子の

ニュートラルへの道

18 2025年の例の予言問題

辛酸なめ子

漫画家・コラムニスト。東京生まれ、埼玉育ち。雑誌や新聞、ウェブなどに寄稿。近著に『スピリチュアル系のトリセツ』（平凡社）、『新・人間関係のルール』（光文社新書）、『辛酸なめ子の独断！流行大全』（中公新書ラクレ）など。

『辛酸なめ子、スピ旅に出る』
辛酸なめ子著
産業編集センター
1,500円＋税

鍼灸院にいたら、隣のブースから2025年7月5日について女性客が話すのが聞こえてきました。トランプ再選によってDSの計画が阻止され、隕石追突による大災害もなくなったそうです。いっぽうで、まだ何かが起こるという説を信じている人もたくさんいて、安全な場所について情報が錯綜。八ヶ岳や北海道にいれば助かる説は前からありましたが、六本木も安全という説が出てきました。朝4時に六本木にいる体力はありません……。どこにいても自分の直感を信じていればきっと大丈夫です。

不思議ジャーナリストの広瀬学さんの
20年以上にわたる探求

第14回 AIは社会にどう影響をもたらす？ 私たちが知っておくべき「利便性」と「脅威」

文／広瀬学

ゲストの元公安警察出身・勝丸円覚氏（写真後列中央）とアリスの矢沢透さん（写真後列右）、その他ゲストの方々。

AIの恩恵と脅威

連日メディアを賑わせているのが、「AI」です。自分で考え、自分で判断できるようになるなど、近年のAIは非常に優秀だと認知されています。AIの進化によって、人々の暮らしが豊かになり、医療や介護、商業など、さまざまな分野で私たち人間を支えてくれるようにもなりました。

いつの間にかAIは、私たちの社会に溶け込み、もはや当たり前のように存在する時代になっています。スマホの写真をAIが検知してくれて、人間の作業をAIが自動化してくれたり、近年は、AIタレントがCMに起用され、ChatGPTが私たちの質問になんでも答えてくれるなど、さまざまな場面で目にするようになりました。

しかし、ここで私たちが知っておかなければならないのは、AIによって得られた利便性だけではありません。AIの成長によって将来起こりうる「脅威」についても正しく知っておかなければならないのです。

AIの成長が進むことで考えら

元公安出身勝丸円覚氏と対談！

私事ながら2023年7月から渋谷クロスFMのラジオ番組「アリス矢沢透のなんでも応援団！」のコーナーで「広瀬学の不思議な世界の都市伝説」を担当しています。2024年1月3日（木）19：00～元警視庁公安部外事警察出身・勝丸円覚氏と広瀬学が対談しました。2023年の大ヒットドラマ『VIVANT』の公安監修を務めた勝丸さん。ダイヤモンド・オンラインでは人気漫画「SPY×FAMILY」の作者・遠藤達哉さんと勝丸さんによる対談記事が掲載されています。最近は不思議系の有名YouTuberとのコラボ多数で大変有名になっています。

【共演されたYouTuber】

Naokiman Show／コヤッキー／ウマヅラビデオ／たっくーTV／TOLAND VLOG／関暁夫／角由紀子／島田秀平（手相家）／シークエンスはやとも／上念司／青汁王子／羽賀ヒカル／家田荘子（作家）／保江邦夫／丸山ゴンザレスの裏社会ジャーニー。

【公式サイト】
不思議ジャーナリスト広瀬 学
ゲスト・勝丸円覚さん

れる社会的な脅威としては、「AIの悪用」が挙げられます。すでにAIを活用した詐欺が登場している状況が見られます。

たとえば、AIでフェイクニュースを作成し、あたかもニュース番組のような動画で人々に投資(詐欺)を呼びかけるといった内容です。かなり精巧に作られているということもあり、ネットに疎い方ではまんまと騙されてしまうかもしれません。

AI進化と職業の未来

また、注意したいのは、詐欺だけではありません。社会的にも問題視されている「雇用の減少」です。これまで人間が行ってきた作業をAIが対応できるようになったことで、「不要となる仕事」が増えると予測されています。実際に、すでに事務作業の一部をAIが担っている企業が増えていますし、倉庫・製造作業などもAIに取って代わられてきている状況です。

かつては、「創造的な仕事ならAIに代替できない」として、安全といわれてきたイラストレーターや動画クリエイターの業界も危険視されています。AIが自動で画像や動画を生成できるようになり、そのクオリティは日々向上していることから、いずれは人の手で作り出す必要がなくなるのかもしれません。

AIの急速な発展が、私たちにどのような影響をもたらすのか、ポジティブな面とネガティブな面の両面を理解したうえで、自分が今何をすべきかを考えていく必要があるのではないでしょうか。

AI進化と心の余裕

AIは科学の領域において、とくに注目されるようになりました。しかし、AIの進化を悲観する必要はありません。そもそもAIは科学であり、スピリチュアルの業界とは一切関係のない領域だからです。

むしろ、AIとスピリチュアルは正反対の位置にあるといえるでしょう。

「何を信じればいいのか」「自分が大切にしたいことは何か」など、自分の声にきちんと耳を傾けて、日々の忙しないニュースに左右されない心を持つことが大切です。

AIの話題は、常に「ポジティブな内容」「ネガティブな内容」の両極端な部分で議論が繰り返されています。AIの飛躍的な進化は、私たちにとって脅威となるのではないかといった不安な気持ちは拭えません。

しかし、科学だけではない「スピリチュアル」の観点から見れば、AIとの共存もけっして不可能ではなく、友好的な関係性を維持できる未来もあるでしょう。

科学で溢れたこの世界からいったん離れ、大切なことは何かを今一度考えてみてはいかがでしょうか。

広瀬 学　（ひろせ・まなぶ）

A&Vヴィレッジ（オーディオ専門雑誌）で通販記事の担当。オーディオ評論家（故江川三郎氏）や波動専門家（テネモス・故飯島秀行氏）など運命的に出会う。さまざまな著名人との出会いやエピソードをまとめ、これまで5冊の本を出版している。

■著書

『AIに支配されたくなかったら「波動」を上げなさい』
『解明される 波動の真実』
『ちょっと笑える不思議な世界の裏話』
『非常識で最先端の幸せに成功する法則』
『もう笑えない 不思議な世界の裏話!』

公式
YouTube

『AIに支配されたくなかったら「波動」を上げなさい』
広瀬 学　著
ゴマブックス
1,950円＋税

大麻草の有効成分CBD《カンナビジオール》と聖地《エルサレム》のエネルギーの融合！

医療現場や食品にも使われるCBDとは？

「CBD」とは大麻草の有効成分であるカンナビジオールのことです。同じく大麻に含まれる成分「THC」とは異なり、精神作用や中毒作用がなく、ストレス軽減や、炎症を鎮める効果などがあることで知られています。海外では医療現場や食品等幅広い分野で活用され関心が高まっています。

リラックス効果だけではない究極のセルフケアアイテム

わたしたちの体を維持する身体調整機能「エンドカンナビノイド・システム」。この機能が不全に陥ると、様々な疾患の原因になることが最近の研究で明らかになってきました。
CBDはこのシステムの一部を構成する「内因性カンナビノイド」の働きと同様の働きをし、システムを強化するため、病気の予防や悪化防止といった健康効果が期待できます。

こんな症状の方がCBDを使っています。

- ストレス
- 精神疾患
- 不眠症
- 依存症・中毒
- 痛み・炎症
- 高血圧
- 皮膚トラブル

使用回数の目安：約200〜250回

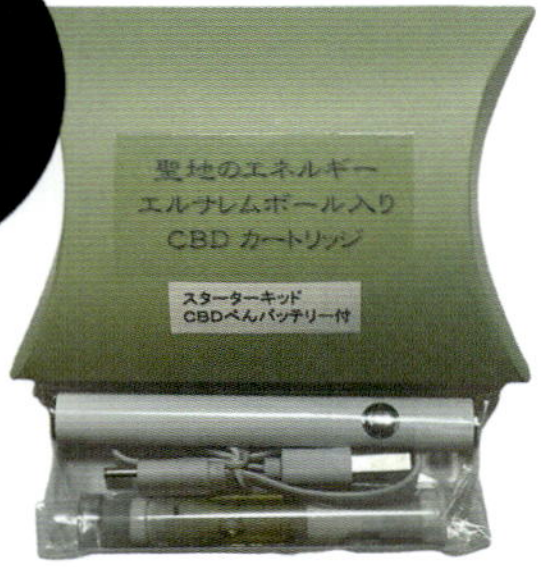

手軽に始められるスターターキット！

電子タバコのように吸うタイプ

■ オーガニックCBDリキッド スターターキット
【エルサレムボール入】

スターターキット 価格 8,800円（税込）
交換用カートリッジ 価格 5,500円（税込）

ペットボトルの水に入れるだけでCBD水が完成！

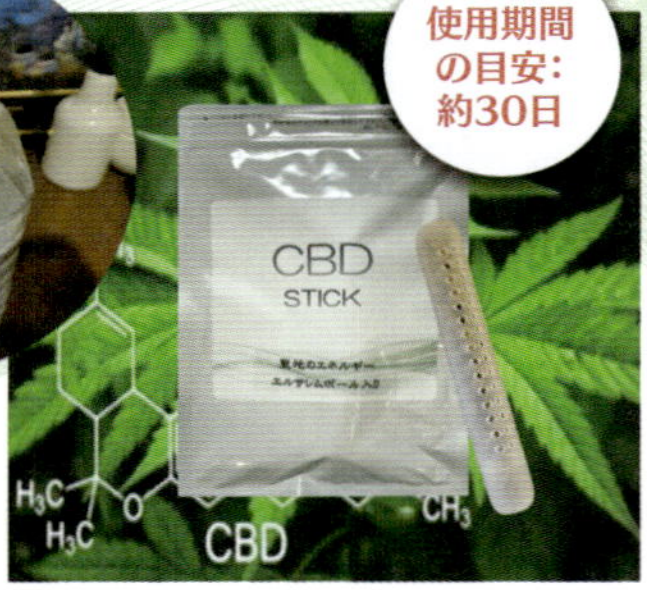

使用期間の目安：約30日

お水に成分を溶かしこむタイプ

■ オーガニックCBDステック
【エルサレムボール入】

価格 5,800円（税込）
内容物：CBDボール15ｇ エルサレムボール1粒

聖地のエネルギーとつながる「エルサレムボール」入り

「CBDリキッド」、「CBDステック」には、キリスト生誕の地ベツレヘムで採掘された「エルサレムの石」を使った「エルサレムボール」が入っています。キリスト教、ユダヤ教、イスラム教の聖地であるエルサレムのエネルギーとつながる、業界初のオリジナル商品です。

CBDは合法です。

大麻草には、カンナビノイドと呼ばれる生理活性物質が含まれています。カンナビノイドの中で、よく知られているのは、マリファナの主成分で有名なTHC（テトラ・ヒドロ・カンナビノール）と精神作用のないCBD（カンナビジオール）です。THCは大麻草の花穂や葉、根から抽出され、脳に直接作用することが知られており、陶酔感・多幸感といった高い精神活性作用をもたらし、日本では大麻取締法において麻薬として規制対象となる成分です。
CBDは大麻草の茎や種子から抽出される成分で、THCと異なり、脳への直接作用がありません。中枢神経系を除く全身の受容体に結合することで、様々な健康効果を発揮します。日本では大麻取締法の適用外となります。

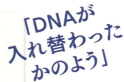

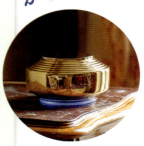

ナチュラルスピリットショップ
新商品&おすすめ商品

『22を超えてゆけ』辻麻里子さん原案
生命の護符　チタン・アンク

新商品

辻麻里子さんが運営されていたインフィニティ88で製作され、弊社でも販売させていただいていましたチタン製の「アンク・ジュエリー」。この度ナチュラルスピリットが、自然の仕組み研究チームのメンバーの方々のご協力のもと、リニューアル版として製作いたしました。

「生命の護符、永遠の愛、循環を続けるものの象徴。そして、宇宙創造の原理をあらわしています」

生命の護符
チタン・アンク
本体価格 22,000円+税
純チタン製　高さ 33mm

随所には黄金比や素数が含まれています。自然の仕組み研究チームの方々が、慎重に波動を確認しながら、身につけた人が自然の仕組みにかなう調和がとれるようにデザインしてくださいました。※別売のチタンチェーン(FALF製品)もございます。

辻麻里子さんは著書の中でこのように説明しています

エジプト十字とも呼ばれる、「生命」の象徴「アンク」。古代エジプトの壁画でも、神々や王が「アンク」を手にしている様子が描かれています。

「**聖なる紋章**で、光からできた、**生命の護符**」
「生命の護符とは、すなわち、宇宙にあまねく**創造のエネルギー**でもあるのです」
「**多次元**にアクセスできるツール」
「正しくもちいることができれば、**太陽の国の扉**を開けることができます」
「あなたを**光の方向**へと導いてくれるでしょう」
「あなたがたが、銀河レベルの大人になった際には、**創造の鍵**であるアンクが授けられるのです」(『6と7の架け橋』(辻麻里子著)より)

フィリピンの女性祈祷師による
「奇跡の魔法ペンデュラム」

New **カウア**(白と黒のペンデュラム)

霊格の高い魔女・祈祷師であるオーストリア人の母とフィリピン人の父の間に生まれたアドリアナ・ウォイフ・アラバ。アジアとヨーロッパの魔術を融合して受け継ぎ、フィリピンでもっとも霊格の高い祈祷師として現在、活躍しています。彼女が実際に祈祷や儀式に使用し、数々の奇跡を起こしている白と黒のペンデュラム「カウア」。高い浄化力を持つ白の「リヒト」と邪悪な力を退ける黒の「カディリマ」がセットになった魔法具。アドリアナ自身が精霊から直接力を授かり、一つ一つに特別な魔法をかけて完成させるオーダーメイド!
ナチュラルスピリットでしか購入できない特別なアイテムです。

白と黒のペンデュラム「カウア」(浄化水「バガイ」付)　販売価格　30,000円+税
サイズ　白:高さ 約90mm　黒:高さ約75mm　本体素材:フルグライト(石)、ストラップ付

エネルギーワーカー TYA-TYAさんによる
チャクラエネルギー調整のための
宇宙語瞑想トーニング音源。

CD-R版
MP3版

『創生のエヴァより』TYA-TYA
MP3版 2,500円+税/ CD-R版 3,000円+税

1.地球人の体のエネルギーシステムの整え 2.チャクラシステムの活性
3.癒療者の守り(医療関係者、介護関係者を含む)
4.戦士たちの守り(政治、経済、教育関係者を含む開拓者)
5.ハートの語り部になる　(再生時間40:34)

「創生のエヴァ」とは
アダムとイヴの説話に関わりが深い、エデンの園にある「生命の樹」を守護する女神です。人類の母イヴ(エヴァ)は、創生のエヴァ(呼吸、生命)の神性にあやかるよう名付けられました。太陽が全ての生命に降り注ぐ力を放つように、生命の樹はミクロからマクロまであらゆるレベルに存在し、生命に力を供給し続けています。つまり「創生のエヴァ」とは、生命に供給される源からのエネルギーを守護する存在です。(TYA-TYA)

素材のエネルギー丸ごと!
美味しい
食品添加物未使用
「一物全体食」

海と陸のうま味と栄養が凝縮!
まさに「飲む点滴」。

だし&栄養スープ(粉末)
3,125円+税　500g
1袋にカツオが約1本、カタクチイワシが約150〜200匹、シイタケ、ニンニク、昆布等、こだわりの素材を丸ごと摂れます!

希少な5つの黒い野生種のチカラ。
遠赤効果で温まる!

古代食くろご(粉末)
1,659円+税　120g ※大サイズあり
5種類の野生種(黒米/黒大豆/黒胡麻/黒松の実/黒加侖/黒煎り玄米)を吸収しやすいペプチド粉末に!

商品の詳細はこちら!
https://www.naturalspirit.shop

ご購入方法	ご注文は、ナチュラルスピリットのオンラインショップでご購入いただけるほか、直接注文も承ります。 お名前、ご住所、お電話番号、ご希望の商品名と点数を明記のうえ、下記へご注文ください。 ナチュラルスピリット物販部　TEL 03-6450-5938 FAX 03-6450-5978 MAIL order@naturalspirit.co.jp ※すべての商品について別途、送料がかかりますのでご了承ください。(5,000円以上のご注文で送料無料)

『岩戸開き』取り扱い全国書店リスト

◉**北海道・東北エリア**

北海道　ＭＡＲＵＺＥＮ＆ジュンク堂書店　札幌店
ジュンク堂書店　旭川店
紀伊國屋書店　札幌本店
岩手県　ジュンク堂書店　盛岡店
エムズエクスポ盛岡店
宮城県　丸善　仙台アエル店
紀伊國屋書店　仙台店
福島県　ヤマニ書房　本店
ジュンク堂書店　郡山店

◉**関東エリア**

茨城県　ＡＣＡＤＥＭＩＡ　イーアスつくば店
コーチャンフォー　つくば店
群馬県　喜久屋書店　太田店
紀伊國屋書店　前橋店
ブックマンズアカデミー　太田店
ブックマンズアカデミー　前橋店
埼玉県　三省堂書店　大宮店
ジュンク堂書店　大宮高島屋店
丸善　丸広百貨店飯能店
紀伊國屋書店　浦和パルコ店
ブックファースト　ルミネ川越店
東京都　丸善　お茶の水店
丸善　丸の内本店
ジュンク堂書店　吉祥寺店
ＭＡＲＵＺＥＮ　多摩センター店
ジュンク堂書店　立川高島屋店
東京旭屋書店　池袋店
ブックスルーエ
喜久屋書店　府中店
書泉グランデ
三省堂書店　神保町本店
紀伊國屋書店　新宿本店
有隣堂　アトレ大井町店
有隣堂　アトレ恵比寿店
文教堂書店　赤羽店
紀伊國屋書店　国分寺店
書泉ブックタワー
ブックファースト　中野店
千葉県　丸善　ユニモちはら台店
丸善　津田沼店
喜久屋書店　松戸店
東京旭屋書店　船橋店
喜久屋書店　千葉ニュータウン店
三省堂書店　カルチャーステーション千葉店
紀伊國屋書店　流山おおたかの森店
神奈川県　ジュンク堂書店　藤沢店
丸善　ラゾーナ川崎店
紀伊國屋書店　横浜店
ブックファースト　青葉台店
有隣堂　アトレ川崎店
有隣堂　本店
有隣堂　横浜駅西口店
有隣堂　厚木店
有隣堂　藤沢店
有隣堂　たまプラーザテラス店
紀伊國屋書店　イオンモール座間店
ブックファースト　ボーノ相模大野店

◉**信越・北陸エリア**

新潟県　ジュンク堂書店　新潟店
長野県　ＭＡＲＵＺＥＮ　松本店
平安堂　伊那店
富山県　文苑堂書店　福田本店
ＢＯＯＫＳなかだ　ファボーレ店
石川県　金沢ビーンズ明文堂
明文堂書店　ＴＳＵＴＡＹＡ　金沢野々市店

◉**東海エリア**

岐阜県　丸善　岐阜店
静岡県　ＭＡＲＵＺＥＮ＆ジュンク堂書店　新静岡店
谷島屋　浜松本店
愛知県　三省堂書店　名古屋本店
ＭＡＲＵＺＥＮ　名古屋本店
らくだ書店　本店
ジュンク堂書店　名古屋栄店
三重県　丸善　四日市店

◉**近畿エリア**

滋賀県　大垣書店　フォレオ大津一里山店
喜久屋書店　草津店
サンミュージック　ハイパーブックス長浜
サンミュージック　長浜店
サンミュージック　ハイパーブックス彦根
サンミュージック　ＨＢかがやき通り店
京都府　ＭＡＲＵＺＥＮ　京都本店
大垣書店　イオンモールＫＹＯＴＯ店
大阪府　ＭＡＲＵＺＥＮ＆ジュンク堂書店　梅田店
紀伊國屋書店　梅田本店
ジュンク堂書店　大阪本店
旭屋書店　なんばＣＩＴＹ店
大垣書店　イオンモール堺鉄砲町店
未来屋書店　りんくう泉南店
ジュンク堂書店　難波店
丸善　八尾アリオ店
喜久屋書店　阿倍野店
ジュンク堂書店　天満橋店
紀伊國屋書店　グランフロント大阪店
紀伊國屋書店　泉北店
大垣書店　高槻店
ジュンク堂書店　近鉄あべのハルカス店
兵庫県　ジュンク堂書店　三宮店
ジュンク堂書店　三宮駅前店
ジュンク堂書店　明石店
紀伊國屋書店　加古川店
ジュンク堂書店　芦屋店
紀伊國屋書店　川西店
喜久屋書店　北神戸店
ジュンク堂書店　西宮店
奈良県　ジュンク堂書店　奈良店

◉**中国・四国エリア**

岡山県　喜久屋書店　倉敷店
丸善　岡山シンフォニービル店
宮脇書店　岡山本店
広島県　ジュンク堂書店　広島駅前店
ＭＡＲＵＺＥＮ　広島店
紀伊國屋書店　ゆめタウン廿日市店
香川県　紀伊國屋書店　丸亀店
宮脇書店　総本店

◉九州・沖縄エリア

愛媛県　ジュンク堂書店　松山三越店
福岡県　紀伊國屋書店　福岡本店
丸善　博多店
喜久屋書店　小倉店
紀伊國屋書店　久留米店
ジュンク堂書店　福岡店
長崎県　紀伊國屋書店　長崎店
熊本県　長崎書店
蔦屋書店　熊本三年坂
大分県　紀伊國屋書店　アミュプラザおおいた店
鹿児島県　ジュンク堂書店　鹿児島店
紀伊國屋書店　鹿児島店
沖縄県　ジュンク堂書店　那覇店

2025年4月現在

新しい時代の意識を開く
ナチュラルスピリット

『岩戸開き』バックナンバー 一覧

お買い忘れ、読み逃しはありませんか？

創刊号 2022/6/22 発行
大特集◎大峠と岩戸開き
紙版 SOLD OUT
電子版 990 円（税込）

第 2 号 2022/8/31 発行
大特集◎身魂磨きの実践
紙版 1,485 円（税込）
電子版 990 円（税込）

第 3 号 2022/10/21 発行
大特集◎大峠はいつ、どのように？
紙版 1,485 円（税込）
電子版 990 円（税込）

第 4 号 2022/12/10 発行
特集◎感謝とは？
紙版 1,485 円（税込）
電子版 990 円（税込）

第 5 号 2023/2/28 発行
特集◎波動の高さとは？

紙版 1,760 円（税込）
電子版 1,250 円（税込）

第 6 号 2023/4/19 発行
特集◎エネルギー危機を乗り越える！

紙版 1,760 円（税込）
電子版 1,250 円（税込）

第 7 号 2023/6/17 発行
特集◎日本の女性の覚者たち
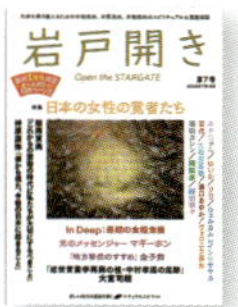
紙版 1,760 円（税込）
電子版 1,250 円（税込）

第 8 号 2023/8/18 発行
特集◎五感を研ぎ澄ます

紙版 1,760 円（税込）
電子版 1,250 円（税込）

第 9 号 2023/10/20 発行
特集◎天狗の真実
あるいは、天狗の復権

紙版 1,760 円（税込）
電子版 1,250 円（税込）

第 10 号 2023/12/13 発行
特集◎真我（I AM）を認識する

紙版 1,760 円（税込）
電子版 1,250 円（税込）

第 11 号 2024/2/17 発行
特集◎病気の意味、本質、病気が伝えるメッセージとは？

紙版 1,760 円（税込）
電子版 1,250 円（税込）

第 12 号 2024/5/9 発行
特集◎霊術・シャーマニズムで危機を乗り越え、神に至る！

紙版 1,760 円（税込）
電子版 1,250 円（税込）

第 13 号 2024/6/30 発行
特集◎危機の時代の食と農（前編）

紙版 1,760 円（税込）
電子版 1,250 円（税込）

第 14 号 2024/8/30 発行
特集◎危機の時代の食と農（後編）

紙版 1,760 円（税込）
電子版 1,250 円（税込）

第 15 号 2024/10/31 発行
特集◎トランスヒューマンとエクスコンシャスヒューマン

紙版 1,760 円（税込）
電子版 1,250 円（税込）

第 16 号 2024/12/23 発行
特集◎ 2025 年大予測 !! どうなる日本？そして世界は？

紙版 1,760 円（税込）
電子版 1,250 円（税込）
※発売予定

第 17 号 2025/2/28 発行
特集◎危機の時代において、怖れではなく、愛で生きる！

紙版 1,760 円（税込）
電子版 1,250 円（税込）
※発売予定

『岩戸開き』は隔月刊誌！毎号偶数月末《2.4.6.8.10.12月》発売です。

全国の書店、amazon や富士山マガジンサービス、楽天などのネット書店でご注文ください。
直接注文も承ります。お名前、ご住所、お電話番号、ご希望の商品名と点数を明記のうえ、下記へご注文ください。 **※すべての商品については別途、送料が必要となります。**

TEL 03-6450-5938　FAX 03-6450-5978
MAIL order@naturalspirit.co.jp

詳しくは▶▶▶
https://www.naturalspirit.co.jp

富士山マガジンサービスから申込者様限定 !!

定期購読のご案内

富士山マガジンサービス（フリーダイヤル）
0120-223-223
2カ月に1回、確実にお手元へお届けします。
※特典内容は予告なく変更となる場合がございます。

定期購読の申込方法

◎インターネットでこちらを検索→ 岩戸開き　定期購読

特典 1
10%OFF 1冊 1,760 円▶ 1,583 円
6 冊 10,560 円▶ 9,500 円
一括払いプラン：1 年 6 冊分まとめてお支払い（送料：無料）

特典 2
3%OFF 1冊 1,760 円▶ 1,707 円
6 冊 10,560 円▶ 10,242 円
月額払いプラン：毎号を翌月にご請求　（送料：無料）

本誌では未掲載の貴重な情報が満載！
『岩戸開き』WEB サイト

岩戸開きオンライン

関暁夫のミタマミガイテ、イワトヲヒラクの関連記事

関暁夫のミタマミガイテ、イワトヲヒラク Vol.13
2024年7月11日

関暁夫のミタマミガイテ、イワトヲヒラク Vol.11
2024年3月1日

関暁夫のミタマミガイテ、イワトヲヒラク Vol.9
2023年10月30日

関暁夫のミタマミガイテ、イワトヲヒラク Vol.12
2024年5月10日

関暁夫のミタマミガイテ、イワトヲヒラク Vol.10
2023年12月26日

関暁夫のミタマミガイテ、イワトヲヒラク Vol.8
2023年9月7日

関暁夫のミタマミガイテ、イワトヲヒラク連載中！

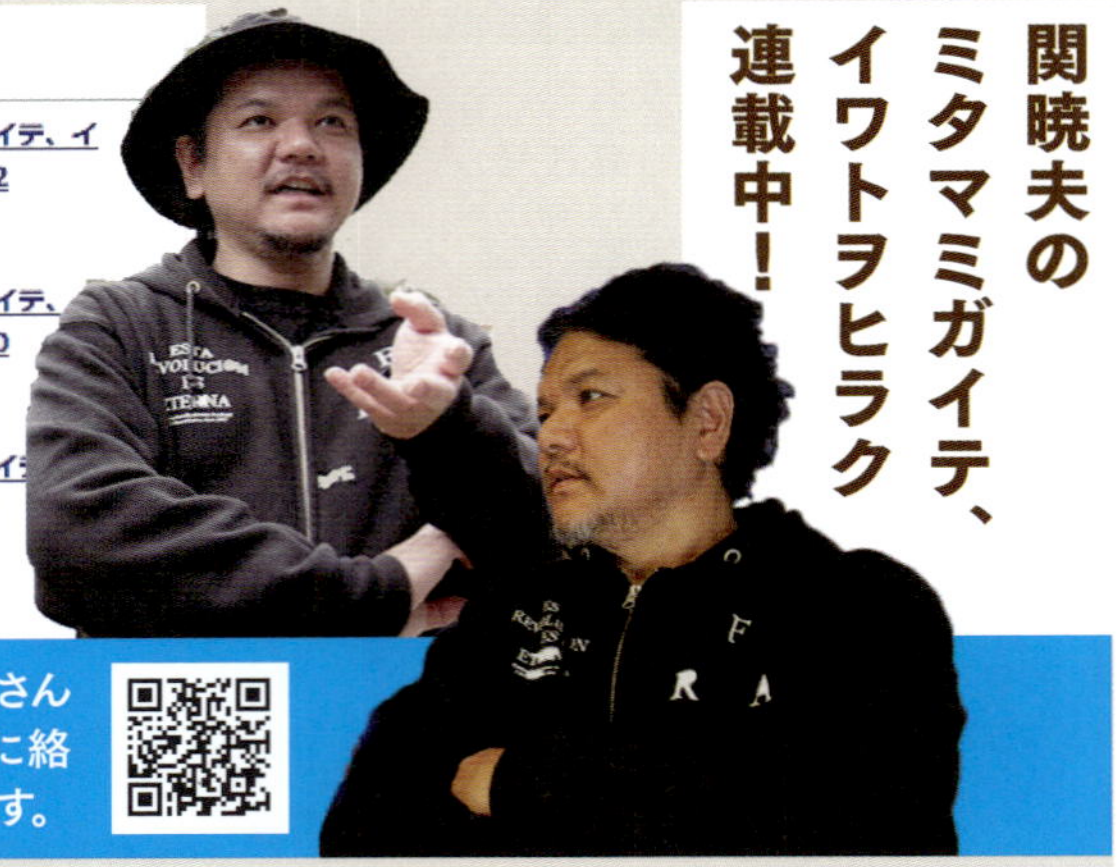

「岩戸開きオンライン」では、都市伝説でおなじみの関暁夫さんがナビゲーターとして、毎回独自の視点で本誌のコンテンツに絡めて、宇宙的＆スピリチュアルな関ワールドを語ってくださいます。

▶歴史・神話系 YouTuber TOLAND VLOG さん。

◀都市伝説系 YouTuber ウマヅラビデオさん。

人気スピリチュアリストや YouTuber たちの未公開インタビュー記事、新刊案内、ワークショップ、講演会等のイベント、覚醒アイテムなどナチュラルスピリットおすすめのスピリチュアル情報が充溢しています。

https://iwatobiraki.jp/

\\YouTube 動画で学べる！// スピリチュアルな世界

StarPeople & 岩戸開きチャンネル

ナチュラルスピリットが「これからの地球人の意識の変革」に役立つ情報をお届けする【公式】YouTube チャンネルです。

チャンネル登録者数 3.87 万人　725 本の動画

人気動画　メンタルアドバイザー 並木良和さん

スピリチュアルカウンセラー 月夜見さん

引き寄せマスター・作家 奥平亜美衣さん

脳と意識を追求しているおかん ネドじゅんさん

姉妹チャンネルも続々配信!!

覚醒・非二元・悟りチャンネル

霊査の旅チャンネル

太玄社 占いチャンネル

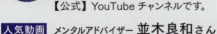

「原宿はらっぱファーム」
プロジェクト始動！

国と交渉の末、長く空き地となっていた都心の1,500㎡（テニスコート7面分）の国有地に、市民の手で1年間限定の有機循環型コミュニティ菜園を作るプロジェクトが始動しました！

場所は、明治神宮前駅・表参道駅から徒歩11分という好立地。

畑の設置・運営は、このプロジェクトのために地域住民やコンポスト、菜園、建築の専門家などで結成された「都市農地と防災のための菜園協議会」が、渋谷区から管理委託を受けて行います。

このプロジェクトでは、生ごみや木くずなど普段はゴミとして捨てられてしまう有機資源を堆肥化して土に還し、化学肥料や農薬を使わないオーガニックな畑を、公募した参加者と一緒に作ります。

また、開演中は誰でも菜園を訪れることができ、農作業を体験したり、ゆっくり散歩したりすることができます。また、コンポストや菜園に関するさまざまな講座や交流会も予定中。

『岩戸開き』は、この活動を応援、追いかけます！！
毎号連載予定ですので、お楽しみに～

詳細は、こちらのQRコードからご覧ください！

原宿はらっぱファーム
ホームページ

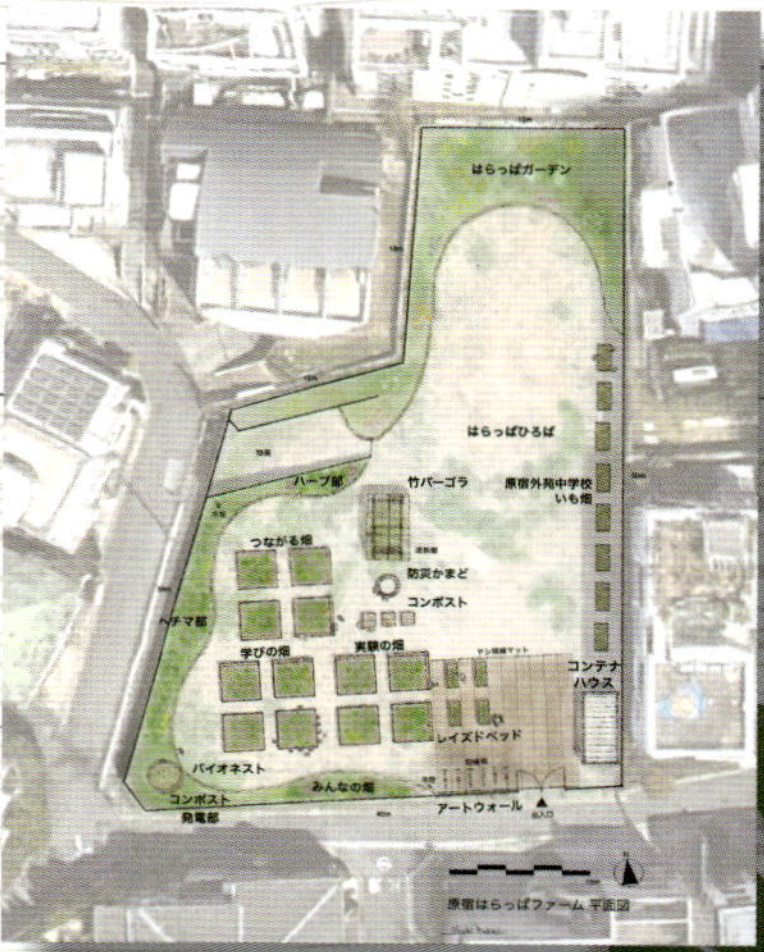

岩戸は身魂の磨けた人間が、ある数に達すると開く

岩戸開きのコンセプト

- 意識と社会の岩戸(閉じ込められた状態)を開く
- Open the STARGATE！ スターゲイトを開き、宇宙や高次の世界とつながる
- 神々と古代日本の秘密を解き明かす
- 覚醒・悟りの情報を伝える
- 心の中に神をまつることを伝える
- 水平面だけでなく垂直につながることを伝える
- 本物・本格・本質の情報を伝える
- 現代社会の問題を指摘し、新しい社会のための提案をする

■厳島（通称：宮島）の嚴島（いつくしま）神社

社伝では、推古天皇元年（593年）創建。平清盛によって仁安3年(1168年)に現在の規模に造営された。昭和の大霊能者、金井南龍によれば宮島で八咫烏（ヤタガラス）が生まれ、成長後、熊野に移動すると『かみさまのおはなし』（八幡書店）『神々の黙示録』（徳間書店）等で書かれてゐる。今回、それを検証すべく梨岡京美さんと不二龍彦さんとで宮島に入った。梨岡さんいはく、ここ宮島で八咫烏が60～70羽くらい生まれるが、選抜された20数羽が成長後、熊野を含め全国に旅立つといふ。金井南龍の話は本当だった。八咫烏は宮島の光の柱が立ってゐるところを旋回してゐるといふ。今回行ったときは海外の旅行者が８割くらいを占め、人が多すぎて、嚴島神社の神は感じられなかった。人がゐないときでないと神様は現れない。烏も見かけず、紅葉谷あたりでようやく烏の鳴き声を聞くことができた。頂上の弥山のやや下にある三鬼堂では天狗の面が飾られいるが、梨岡さんによると実際に天狗が宮島にはゐるといふ。役行者も宮島に来てゐると。三鬼堂の中の右側の拝所には、結構実力のありそうな修験者の写真が飾ってあった。宮島の帰りしな、ようやく上空に烏を見た。（霊査の番外編　今井）

岩戸開き 第18号

2025年4月30日発行

発行人 Publisher
今井博樹 Hiroki Imai

編集主幹・ Editor in Chief
吉田州文子 Sumiko Yoshida

編集・ Editor
板坂千恵子 Chieko Itasaka
廣瀬智一 Tomokazu Hirose
湯川真由美 Mayumi Yukawa

デザイン・DTP Design & DTP
鈴木学 Manabu Suzuki
山田泰 Yasushi Yamada

広告・広報 Advertisement & PR
中村明日香 Asuka Nakamura

発行 株式会社ナチュラルスピリット
〒101-0051
東京都千代田区神田神保町3-2高橋ビル2階
代表 TEL.03-6450-5938 FAX.03-6450-5978
編集部 TEL.03-6450-5968 FAX.03-6450-5978
MAIL info@iwatobiraki.jp
https://www.naturalspirit.co.jp/

印刷 シナノ印刷株式会社

ISBN978-4-86451-509-2 C0414

落丁・乱丁の場合はお取り替えいたします。
定価は裏表紙に表示しています。

［第19号 次号予定］6月30日発売予定

特集 「ワンネス」とは

最近、ワンネス本が続々登場！背景には、広がるシンクロの波。本特集では、ワンネスの魅力と実践法に迫る。

（内容が変更になる場合があります）

［編集後記］

豪華な肉や魚介が主役のふるさと納税界で、鳥取県江府町の「水」が旋風を巻き起こしている。奥大山の天然水はサントリーのCMで全国区に。町はこの清らかな水資源に注目し、ネット戦略を強化し発送も迅速化。寄付額はわずか2年で3.5倍に急増！さらに、その恵みは町の未来へと循環。学校給食の無償化やネット代補助、SDGs教育などに活用された。「清く、正しく、うまい水」が財源となる時代、江府町の一滴が日本のふるさと納税のあり方に波紋を広げている。（吉田）

「水は神様。」今回の18号を通して実感しました。よく、宇宙の始まりに意志を持った何かが……という話を聞きますが、もしかしたらそれは水的な何かだったのではないでしょうか。その後いろいろな形に姿を変えて宇宙に拡がっていき、たくさんの経験をして…と考えると、水は地球だけで循環しているのではなく、宇宙で循環していることになります。水が記憶媒体なのであれば、自分の記憶もまた水にあるといえ、すべてが繋がっていきます。次号特集テーマのワンネスにも関係しそうですね！（板坂）

★読者の皆さまからの投稿をお待ちしています

ご自身の探求成果を投稿してみませんか？　岩戸開きになるようなご投稿を、編集部一同、お待ちしています。編集部宛に郵送、または下記メールアドレス（**info@iwatobiraki.jp**）にお送りください。

＊審査により、ご掲載できない場合がありますので、ご了承ください。